SABINE KAISER

Tierkommunikation
für jedermann

Erwecke die Gabe wieder in dir!

Widmung

Dieses Buch widme ich meiner Schwester Gabi und ihrem Schäferhund Onyx und meiner besten Freundin Uli und ihrer Katze Tipsi. Ich bedanke mich von ganzem Herzen für die Erlaubnis, die sie mir gegeben haben, dass ich mit ihren Tiergefährten üben und von ihnen lernen durfte. Sonst hätte ich aufgegeben und wäre diesen wunderbaren Weg nie zu Ende gegangen und hätte dieses Buch nie geschrieben. Es sind die besten tierischen Lehrer, die ich finden konnte, da sie ungleicher nicht sein können.

Neal vom Wegborn,
Rufname: Onyx

Tipsi, Katze aus dem
Tierschutz und Tierheim

Bibliografische Information der Deutschen Nationalbibliothek: Die Deutsche Nationalbibliothek verzeichnet diese Publikation in der Deutschen Nationalbibliografie; detaillierte bibliografische Daten sind im Internet über http://dnb.dnb.de abrufbar.

Tierkommunikation für jedermann – Erwecke die Gabe wieder in dir!

© 2025 Sabine Kaiser

Verlag:
BoD · Books on Demand GmbH, In de Tarpen 42, 22848 Norderstedt, bod@bod.de
Druck:
Libri Plureos GmbH, Friedensallee 273, 22763 Hamburg

Fotos: Andrea Beyer

Projektbetreuung und Buchsatz: Ka & Jott GbR

Lektorat: Wiebke Schmidt

Logo: Anke Scheel

ISBN: 978-3-7693-2609-3

Vorwort

Kommt dir das bekannt vor? Deine Katze oder Kater laufen unruhig in deiner Wohnung umher und möchte alle fünf Minuten raus, um dann nach weiteren fünf Minuten wieder reingelassen zu werden?

Das macht einen verrückt, weil man den Grund nicht kennt. Warum ist das so? Was kann ich tun? Die Besitzerin des Katers wandte sich verzweifelt an mich und fragte mich, ob ich mit dem Kater Kontakt aufnehmen könnte. Ich sollte den Grund herausfinden. Der Kater hat mir die Gründe erzählt. Er sagte mir, wie hektisch und stressig es in seinem Zuhause ist. Dauernd gehen Türen auf und zu, kommen und gehen die Bewohner. Er hat das nicht mehr ausgehalten und wollte seinen Menschen zeigen, wo genau ihr Problem liegt. Er hat das Verhalten der Menschen übernommen und nun zu seinem Problem gemacht hat, weil es die Menschen selbst nicht mehr gesehen haben und sich an die ständige Hektik und den Stress gewöhnt hatten. Ich hatte alles genau notiert, was er mir beschrieben hatte. In der Rückmeldung seiner Besitzerin stellte sich dann heraus, dass ich den Tagesablauf zuhause genau beschreiben konnte und der Kater sein Frauchen 1:1 beschrieben hatte, obwohl ich keine dieser Angaben vorher von ihr bekommen hatte. Der Kater hatte mir gesagt, was man ändern könnte, und wie einfach auch die Menschen wieder zur Ruhe kommen könnten. Seine Besitzerin hat dies alles sofort umgesetzt und konnte schon direkt nach unserem Gespräch eine Veränderung ihres Katers feststellen. So konnte das Gespräch dazu beitragen, dass auch die Familie wieder ruhiger und achtsamer wurde. Im Umgang Miteinander und im Umgang mit dem Kater, der sein Verhalten sofort ablegte, weil er gemerkt hatte, dass auch seine Familie die Änderungen wollte und umgesetzt hatten.

Wie ist so etwas möglich?

Das, was in diesem Buch steht, nagt oftmals an den Grenzen dessen, was wir für möglich halten. Gleichzeitig gilt aber: Das, was ich kann, kann jeder! Und wie wertvoll die Fähigkeit ist, mit deinem Tier zu kommunizieren, liegt auf der Hand. Denn du erinnerst dich bestimmt an zahlreiche Situationen, in denen du vor deinem winselnden Hund, deinem unsicheren Pferd, deiner fauchenden Katze standest und dir dachtest: "Wenn ich nur die Gedanken lesen könnte..."

Oder noch intensiver: Wenn ein Tier schwer krank ist und der Tierarzt zum Einschläfern rät. Tiere können keine Patientenverfügungen machen, die Last der Entscheidung liegt bei uns, da wir Verantwortung für dieses Wesen übernommen haben. Wie gerne würden wir uns mit dem Tier darüber austauschen können, ob die Entscheidung richtig ist oder ob das Tier noch bei uns bleiben möchte.

Die gute Nachricht ist:
Du kannst das!

Dieses Buch soll eine Einladung von mir an dich sein und ich möchte dir die telepathische Kommunikation mit Tieren auf eine einfache Art und Weise, mit viel Spaß, Leichtigkeit und Freude näherbringen. Ich möchte mit weit verbreiteten Vorurteilen aufräumen und dir dabei alle dazu notwendigen Grundlagen und Kenntnisse ganz genau erklären. Von der Theorie bis hin zur Praxis.

Ich habe mich in meiner eigenen Ausbildung und den darauffolgenden Kursen immer unnötig schwergetan damit, weil es entweder viel zu kompliziert erklärt wurde oder manches leider gar nicht erklärt wurde, weil dieser oder jener Punkt für die Dozenten natürlich selbstverständlich und glasklar war. Die konnten das schließlich schon alles, machten das teilweise schon zwanzig Jahre lang und sie verstanden teilweise nicht, warum wir das nicht verstanden haben. Und manche wussten auch nicht, wie sie es uns erklären sollten. Aber die Aussage: „Weil es eben so ist!", hilft einem Lernenden nicht weiter, wenn er etwas verstehen möchte. Ich habe viele verschiedene Kurse zu unterschiedlichen Themen absolviert, aber bei mir blieben trotzdem am Ende immer Fragezeichen übrig und es war nicht alles lückenlos beantwortet. Es gab Kurse, die hatten ein komplettes Skript, an dem ich mich festhalten konnte, es gab aber auch Kurse, in denen man sich „sein Skript selbst schreiben musste". Ja, wenn man gewusst hätte, was man dazu hätte aufschreiben können, wäre das sehr einfach gewesen. Meine Blätter blieben immer leer, dafür kamen bei mir Frust und Zweifel. Diese ganze Materie war nicht richtig greifbar für mich. Jetzt kenne ich auch den Grund. Ich habe die telepathische Tierkommunikation und ihre einzelnen wichtigen Bestandteile nie als Ganzes einmal von oben betrachtet, so wie ein fertiges Puzzle auf dem Tisch liegend gesehen, sondern habe immer nur mit einzelnen Puzzleteilen gearbeitet ohne zu wissen, wo sie genau hingehören. Deswegen haben einige Puzzleteile oft nicht mehr für mich selbst zusammengepasst. Es gab so vieles, an das man vorher, während und nach der Tierkommunikation noch alles denken musste, um bloß nichts falsch zu machen. Auch wurde nie das eigentliche „Warum dieses und jenes so ist wie es ist" erklärt, damit ich meinen Verstand und meine Logik als Teampartner hätte mitnehmen können. Stattdessen haben sie mich beide sogar lange selbst blockiert und sabotiert, weil beide keinen Sinn darin sahen, warum ich so etwas können sollte.

Deswegen dachte ich monatelang, dass es wirklich zu schwer für mich ist, anstatt gleich mit den Übungen anzufangen und stand mir lieber selbst im Weg. Dabei merkte ich lange Zeit nicht, dass ich gerade an den leichten Übungen gescheitert bin, nicht an den schweren. Ich hätte mir gewünscht, so ein Buch wie dieses hier lesen zu können, dass mir meine ganzen Vorurteile, Ängste und Zweifel genommen hätte, mich einfach an die Hand nimmt und mir den kompletten Weg von Anfang bis Ende einmal beschreibt, bevor es mit der Praxis endlich losgeht. Trotzdem die allerwichtigste Nachricht gleich zu Beginn an dich: Du kannst es sowieso schon, aber du hast deine Fähigkeit entweder nicht mehr genügend kultiviert oder wieder verkümmern lassen, als du erwachsen wurdest. Zu Unrecht dachte ich daher lange Zeit, wenn ich Berichte oder Bücher über Tierflüsterer und Tierkommunikatoren las, diese Fähigkeit sei nur ausgewählten Menschen und Profis vorbehalten oder es bedurfte jahrzehntelanger Erfahrung und Übung. Ich habe sie alle bewundert und beneidet und habe nie im Traum daran gedacht, dass ich kleines Licht das jemals können würde. Diese Denkweise spiegelte sich auch in meinem allerersten Kurs wider. Am Ende meines ersten Ausbildungskurses war nur noch ein Drittel der Teilnehmer dabei, die ihr Zertifikat erhalten haben. Zum Glück belehrten mich die Tiere innerhalb kürzester Zeit eines Besseren und sie sind stets hilfsbereit zu mir gewesen, haben mich aufgemuntert, getröstet und sagten mir immer die richtigen Worte zur richtigen Zeit. Die Grenzen sind immer nur in unserem Kopf!

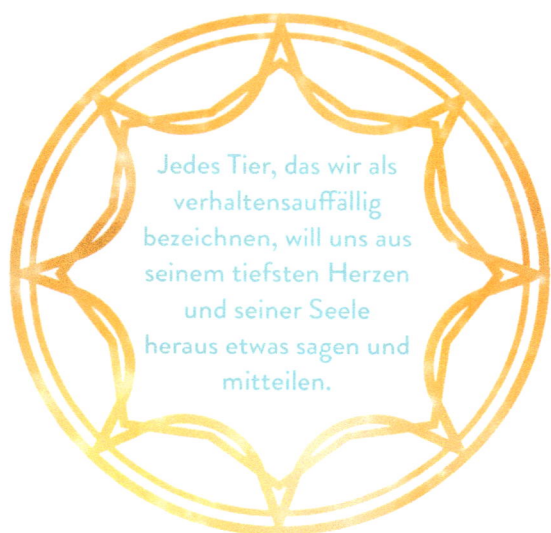

Jedes Tier, das wir als verhaltensauffällig bezeichnen, will uns aus seinem tiefsten Herzen und seiner Seele heraus etwas sagen und mitteilen.

Es war nur deswegen so schwer für mich, weil ich nicht auch nur ansatzweise daran glaubte und nicht in meinem Kopf zuließ, dass es tatsächlich ganz einfach ist. Ich erzähle dir anhand vieler Beispiele aus meiner Ausbildung und meiner Praxis, dass Tierkommunikation wirklich ganz einfach ist und es jeder lernen kann, der es wirklich lernen und können will. Das absolut einfachste und zugleich schwierigste daran ist: man muss selbst an sich glauben und es zulassen. Dann wird es auch geschehen! Ich möchte dir die telepathische Kommunikation mit den Tieren auch deshalb so gern näherbringen, da dadurch gleichzeitig den Tieren die Möglichkeit gegeben wird, dir etwas mitteilen zu können. Wenn aus diesem Monolog ein Dialog wird, dann passieren Wunder, die keiner vorher für möglich hielt. Ich möchte dir die Berührungsängste und Zweifel an der telepathischen Tierkommunikation nehmen. Tierkommunikation ist nicht esoterisch, was viele dennoch damit in Verbindung bringen. Das Wort „esoterisch" kommt aus dem Griechischen und bedeutet sinngemäß so etwas wie Irrationales, Nebulöses, Rätselhaftes. Etwas, was nur von Eingeweihten zu verstehen ist. Und genau das ist es gerade nicht. Es kann jeder, der die Wahl getroffen hat, es zu können. Es ist auch völlig egal, wie alt du jetzt bist. Die Jüngste während meiner Ausbildung war zwanzig, die älteste Dame über siebzig Jahre alt. Du brauchst selbstverständlich überhaupt keine Vorkenntnisse und kannst gern genau bei null anfangen. Das ist mir sogar am liebsten.

Jedes Tier, das wir als verhaltensauffällig bezeichnen, will uns aus seinem tiefsten Herzen und seiner Seele heraus etwas sagen und mitteilen. Da es nicht sprechen kann, muss es uns das mit seinem Verhalten zeigen, weil wir ohne die Tierkommunikation seine Sprache weder hören noch verstehen können. Tiere tun dies nie mit böser Absicht oder weil sie uns schaden wollen. Aber wie sollen sie sich sonst bemerkbar machen? Denn dann machst du die Fehler erst gar nicht, die ich gemacht habe. Tierkommunikation ist ein echter Problemlöser im Umgang mit unseren Tieren. Ich möchte mit klaren, einfachen Schritten erklären, wie das geht und funktioniert. Es ist wirklich einfach. Es ist nur Übung und Konzentration auf das Wesentliche. Noch einmal: Die Grenzen sind nur in unserem Kopf!

Diesen Satz wirst du noch öfters lesen. Denn dass ich dieses Problem hatte, wusste ich anfangs überhaupt nicht und es hat mir auch keiner gesagt. Deswegen stand ich mir selbst im Weg und kam nicht vorwärts mit der Ausbildung und war sogar mehrmals kurz davor alles hinzuschmeißen. Ich möchte, dass du dein eigenes Tier, deinen tierischen Gefährten, danach mit anderen Augen siehst. Sie sind Geschöpfe mit Gefühlen und Emotionen, die uns so viel zu sagen haben, wenn wir sie lassen. Ich möchte, dass durch dieses Buch Mensch und Tier zu einem echten Team werden, dass sich auch ohne gesprochene Worte versteht. Ich schreibe dieses Buch für alle Tierbesitzer, die wissen möchten, was ihr Tier wirklich denkt und fühlt. Für alle Tierbesitzer, die das Gefühl haben, mein Tier will mir doch etwas sagen und diesen Gedanken dann wieder verwerfen. Es war dann auch tatsächlich so in dem Moment und das Tier hat zu dir gesprochen. Für alle Tierbesitzer, die wieder lernen wollen im „Hier und Jetzt" zu sein. Für all die Menschen, die mit Druck, Ausbildung und Erziehung nicht weiterkommen. Für alle Menschen, die einfach sich selbst und ihr Tier neu kennenlernen möchten.

Gelegentlich werden sich einige Themen, Inhalte und Beispiele überschneiden oder auch erst an anderer Stelle entsprechend fortgeführt, weil sie sich nicht ganz klar abgrenzen und zuordnen lassen, da sie zu sehr ineinander verzahnt sind. Manchmal erkläre ich einiges schon vorher, damit ich dann nachher gleich wieder zu den wesentlichen Punkten übergehen kann. Aber keine Sorge, du wirst den roten Faden nicht verlieren und immer wissen, worum es gerade geht. Dadurch hat manches sogar schon einen Wiedererkennungseffekt für dich. Deswegen möchte ich dich aber trotzdem bitten, dieses Buch vom Anfang bis zum Ende zu lesen und nicht nur einzelne Kapitel daraus oder zu springen. Denn es befindet sich darin immer eine Information, die für dich wichtig ist, um das fertige Puzzle sehen zu können.

Während du dieses Buch liest und immer mehr in die Materie eintauchst, freue ich mich darauf, mit dir persönlich eng verbunden zu sein. Ich bin auf Social Media für dich da und freue mich, wenn du dich mit mir vernetzt.

Wenn du von diesem einfachen Weg dann genau so überzeugt bist wie ich, dann freue ich mich, dich demnächst persönlich in meinen Kursen oder über meine Dienstleistungen kennenzulernen.

www.linkedin.com/in/ kaiser-sabine-268430289/

www.facebook.com/sabine.kaiser.56211

www.instagram.com/sabine_tierfluestern/

Weitere Informationen:
www.tierfluestern.net
www.sabine-tierfluesterin.de/termin

TIERKOMMUNIKATION – WAS IST DAS?

DIE THEORIE UND WEITERE ANWENDUNGSFORMEN DER TELEPATHIE

PRAXISTIPPS

ab Seite 131

Mut | Zusammensein mit Tieren, Beobachten von Tieren | Freundlich und einladend sein | Tiere um Hilfe bitten | Tiergruppen beobachten und von ihnen dazulernen | Von Kleinkindern lernen | Man muss gedanklich zu den Tieren kommen | Achtsamkeit üben, etwas bewusst tun | Berührung | Respekt, Wertschätzung, sich beim Tier bedanken | Ergebnisse aus einem Tiergespräch umsetzen

FÄLLE AUS MEINER AUSBILDUNG UND PRAXIS

ab Seite 141

Drei Sätze in 15 Minuten | Der Welpe und das Erdmännchen, der kitzelige und genervte Baum | Wünsche von Onyx | Spazierengehen und dein Tier den Weg bestimmen lassen | Wenn Tiere ihre Menschen spiegeln | Familien, in denen es Streit, Ärger, Stress und Hektik gibt | Nachwuchs in der Familie | Wenn Tiere den Termin selbst vergeben

Kapitel 1

TIERKOMMUNIKATION – WAS IST DAS?

WIE ALLES BEGANN

Ich wurde im März 1974 geboren. Schon als Kind fühlte ich mich Tieren immer sehr verbunden. Und ich hatte oft das Gefühl, innerlich zu verstehen, wie es dem jeweiligen Tier gerade geht und was es fühlt. Damals schenkte ich dem aber keine große Beachtung, weil es für mich normal war.

Eigentlich wollte ich als Kind Tierärztin werden, aber ich wusste nicht, dass man dafür ein Abitur braucht und dann noch studieren muss. Und da ich auch noch vom Dorf kam, war es damals nicht üblich, dass Kinder auf ein Gymnasium gingen. Aus unserer Klasse mit damals 30 Kindern, waren es gerade einmal vier davon. Ich hätte das Abitur wahrscheinlich auch nie geschafft, da sich alle Mathematikaufgaben ab der 10. Klasse gegen mich verschworen hatten. Ich sah keinen Sinn darin und lehnte sie dann komplett ab. Warum für etwas lernen, das man eh nie wieder braucht. Nach der Realschule, es war 1990, habe ich erst eine Ausbildung zur Steuerfachgehilfin gemacht und dann gearbeitet. Ein Jahr später dann doch mein Fachabitur nachgeholt (ich hatte im Vorfeld erfahren, dass ich dort Mathematik mit Englisch und Deutsch zum Glück ausgleichen konnte), um dann Betriebswirtschaftslehre mit dem Schwerpunkt Steuerberatung und Wirtschaftsprüfung in Gießen studieren zu können.

Als ich Anfang 2001 fertig studiert hatte, arbeitete ich bei verschiedenen Steuerberatern. Ich merkte aber recht bald, dass angestellt sein für mich nichts war. Mir fehlte dabei immer die Freiheit, meine Arbeitszeit selbst einteilen zu können, so wie ich es wollte. Dann ergab sich im Jahr 2005 durch eine Gesetzesänderung die berufliche Möglichkeit, sich als Buchhalterin selbständig machen zu können. Man durfte in diesem Beruf nun eine selbständige Tätigkeit ausüben und ein Gewerbe anmelden. Diese Tätigkeit führe ich bis heute in meinem Büro aus.

Den Tieren war ich trotzdem weiterhin immer sehr verbunden, obwohl ich kaum noch Zeit und Freizeit hatte. Aber ich hatte mein Ziel erreicht. Ich konnte meine Arbeit und Arbeitszeit frei einteilen. Und da ich ein Nachtmensch bin, arbeite ich lieber nachts. Dafür sitze ich morgens um acht Uhr nicht im Büro. Meine Mandanten haben damit kein Problem, da sie wissen, dass sie mich dafür abends immer erreichen können, wenn sie Fragen haben und selbst schon zuhause sind und wir in Ruhe sprechen können. Und ab und zu halte ich frühmorgens einen kurzen Plausch mit der Austrägerin der Tageszeitung, da sie selbst zwei Hunde hat und wir immer ein Gesprächsthema haben. Mein „Schlüsselerlebnis", um die Tierkommunikation von Grund auf wieder neu zu lernen, hatte ich gleich am Anfang des Jahres 2019.

DREI SELTSAME ZUFÄLLE IN ZWEI WOCHEN

Anfang Februar 2019 traf ich innerhalb von zwei Wochen drei sehr unterschiedliche Menschen, die sich gegenseitig nicht kannten und sich nie gesehen hatten. Dies passierte, als ich im Urlaub war, ein neuer Mandant zu mir kam und ich auf einem Lehrgang war. Diese Menschen sagten mir, als wir ins Gespräch kamen, ganz unabhängig voneinander, dass ich unbedingt etwas mit Tieren machen müsste. Zu diesem Ergebnis kamen alle drei, weil wir über Tiere gesprochen hatten und ich immer mehr fühlte und bemerkte als andere. Ich tat dies erst als Zufall ab, obwohl ich weiß, dass es keine Zufälle gibt, sondern alles seinen Sinn hat. Auch, wenn man es erst später, Jahre später, versteht. Dann ließ mich aber dieser Gedanke tatsächlich nicht mehr los und ich suchte nach geeigneten Kursen im Internet. Mein Verstand versuchte mich erst noch davon abzuhalten. Ich wäre schließlich kein Profi, weil ich dafür keine Zeit hätte, ich würde das eh nie können, das ist Schwachsinn, was sollen die Leute denken. Kannst du eh nicht, vergiss es einfach wieder! Aber irgendwann verwarf ich all diese Gedanken und meine Neugier überwog dann doch. Alles, was ich damals selbst dachte, sind übrigens heute noch dieselben Vorurteile, die ich mir von anderen Menschen heute anhöre. Ich hatte sie selbst! Deswegen kann ich die Menschen gut verstehen. Sie meinen es nicht böse. Sie wissen es einfach nicht besser.

Da ich wegen meines Büros zu keinem mehrmonatigen Vollzeitkurs reisen konnte, habe ich die Kurse abends und am Wochenende online besucht. Diesen Komplett-Kurs, den ich mir ausgesucht hatte, fing schon Anfang März 2019 an. Ich hatte also nicht mehr viel Zeit, zu Ende zu überlegen. Das war auch gut so. Der Kurs ging dann zwar über ein ganzes Jahr, aber das war mir egal. Während des Kurses habe ich dann sogar noch weitere Kurse parallel besucht, weil ich immer mehr wissen und machen wollte und sammelte so verschiedene Zertifikate in jeweils unterschiedlichen Richtungen der telepathischen Tierkommunikation. Aber ich sage es gleich und nehme es vorweg: man ist nicht besser oder schlechter, nur weil man ein Zertifikat hat. Es ist nur für einen selbst eine schriftliche Bestätigung von jemand anderem, dass man etwas kann, was man doch sowieso schon kann. Die Zertifikate hängen auch nicht in meinem Büro in einem Hochglanzrahmen an der Wand, sondern sind ordentlich abgeheftet in einer Plastikhülle in einem Ordner im Schrank. Für mich ist so etwas nicht wichtig. Es geht mir nur darum, es zu können und anzuwenden, um mit dieser Fähigkeit Menschen und Tieren zu helfen.

Und jetzt möchte ich einfach nur diese verloren gegangene Fähigkeit, die wir alle in uns tragen, unbedingt wieder in die Welt bringen und möglichst vielen Menschen die telepathische Tierkommunikation näherbringen und ans Herz legen und möchte ihnen zeigen, welche Bereicherung sie in der Mensch-Tier-Beziehung und Verbindung mit dem Tier ist.

Dadurch bin ich ein ganz anderer Mensch geworden. Ich habe viel mehr Wertschätzung und Achtung vor Tieren bekommen und sehe Tiere nicht mehr als Befehlsempfänger ohne eigene Meinung und Würde, und im schlimmsten Fall lediglich als eine Sache. Denn das sind sie alles nicht. Da ich seitdem im Hier und Jetzt lebe, regen mich viele Sachen aus dem Alltag einfach nicht mehr auf und ich ärgere mich nicht mehr über die Vergangenheit und versuche auch keine Sachen mehr zu ändern, die ich eh nicht zu ändern vermag. Man bekommt eine völlig andere Sicht auf die Dinge, die im Leben passieren. Dafür bin ich sehr dankbar. Und man weiß später, warum sie genau so passiert sind und wofür es gut war.

VORURTEILE UND VORBEHALTE GEGENÜBER DER TIERKOMMUNIKATION UND DEN TIEREN

Ist telepathische Tierkommunikation nicht nur etwas für Spinner und Esoteriker? Nein, ist es nicht. Das höre ich ganz oft als erste Frage, wenn ich jemandem von meiner Tätigkeit erzähle. Ich habe einen ganz normalen Beruf erlernt, habe Betriebswirtschaftslehre studiert, bin seit 20 Jahren selbständige Buchhalterin und stehe mit beiden Beinen im Leben. Ich kenne alle diese Vorurteile, weil ich sie selbst auch hatte, und ich bewerte auch keinen Menschen deswegen. Selbst ich hatte am Anfang noch Bedenken, habe an mir gezweifelt und habe es nicht jedem erzählt, dass ich „sowas Komisches" kann. Selbst meine beste Freundin Ulrike ahnte nichts davon und ich habe es auch meinen Eltern und Geschwistern lange Zeit nicht erzählt, weil die mich nicht verstehen würden. So legte ich mir das jedenfalls selbst zurecht. Es stimmte aber nicht.

Die zweite Aussage ist meist, dass das doch sowieso nicht funktioniert. Dies wiederum hängt nur mit der Denkweise der Menschen zusammen und weil sie diese Möglichkeit und Fähigkeit von vornherein ablehnen. Sie wissen es nicht besser. Sie können es sich nicht vorstellen, dass Tiere eine Seele und Emotionen haben. Und wenn ich dies den Tieren abspreche, kann es natürlich auch nicht funktionieren, weil man von diesem Glaubenssatz überzeugt ist. Es gibt sogar Tiere, die genau aus diesem Grund auch nicht mit Menschen kommunizieren wollen, weil sie keinen Sinn darin sehen, eben weil der Mensch keinen Sinn darin sieht. Sie bestätigen das nur. Tiere wissen das sogar schon vorher. Manchmal behalten die Tiere damit sogar leider Recht. Umso mehr freut es mich dann, wenn sich Menschen trotzdem auf eine Tierkommunikation einlassen und ich dem Menschen die Gedanken und Gefühle seines Tieres näherbringen kann und sich dann Missverständnisse in kurzer Zeit lösen lassen. Man muss es zulassen und wollen. Dann funktioniert es. Die dritte Aussage ist meist, dass ich doch vorher sowieso schon alles wüsste, weil die Besitzer mir vorher alles erzählen. Nein. Das Einzige, was ich wirklich wissen muss, wenn ich ein Tiergespräch führe, ist der Name des Tieres und welche Fragen ich stellen soll. Und was ich tatsächlich brauche, ist ein Foto des Tieres. Mehr möchte ich vorher auch gar nicht wissen, damit mein Verstand während des Gespräches erst gar nicht auf die Idee kommt, „dazwischenzufunken" oder sich etwas auszudenken.

Zaubersprüche, Gebete, Trommeln, Kerzen, Räucherwaren, Duftöle, Essenzen, Pendel, Heilkreise und Krafttiere?

Aber dazu braucht man doch viertens Zaubersprüche, Gebete, Trommeln, Kerzen, Räucherwaren, Duftöle, Essenzen, Pendel, Heilkreise und Krafttiere? Muss man sich nicht erst vor dem Gespräch selbst seelisch reinigen, erden und schützen, damit man keine Fremdenergien aufnimmt und dabei selbst oder das Tier Schaden nimmt? Nein, das braucht man alles nicht und das passiert auch nicht! Ich habe das zwar alles in der Ausbildung mitgemacht und ausprobiert, nur um dann später selbst festzustellen, dass ich das alles überhaupt nicht brauche. Es funktioniert auch ohne dies alles. Die Tiere nehmen keinen Schaden daran, wenn ich etwas in der Reihenfolge vergesse oder gar nicht mache. Es ist nur ein Ritual für einen selbst. Es hat keinen Einfluss darauf, ob ich mich mit der Seele des Tieres verbinden kann oder nicht. Ich muss nur die tatsächliche, ehrliche und klare Absicht haben, es tun zu wollen.

Für mich war es als Praktiker und weil ich nie genug Zeit hatte, immer zu umständlich, an all das zu denken. Für mich muss alles immer möglichst einfach, schnell und zielführend sein. Damit ich bloß keinen dieser vielen Schritte vergessen würde und an alles denken würde, schrieb ich mir alles auf einen Zettel und legte ihn vor mich auf den Tisch hin. Was hatte ich dann davon? Ich hatte genau das Gegenteil erreicht. Ich konzentrierte mich nur auf die einzelnen Schritte, anstatt auf die Kommunikation mit dem Tier. Ich brachte mich dabei immer selbst raus und dachte, jetzt geht die Kommunikation mit dem Tier schief, weil ich einen Schritt vergessen habe und das Tier nimmt jetzt Schaden daran. Nein. Dem ist nicht so. Ich dachte dann die ganze Zeit nur an den Schritt, den ich vergessen hatte, anstatt das Tiergespräch zu beginnen und mich darauf zu konzentrieren. Den Tieren ist es übrigens auch egal, ob wir das vorher alles machen und sie nehmen keinen Schaden, wenn wir irgendetwas auf dem Weg zu ihnen vergessen. Das Schlimmste, was dann passieren kann, ist: Die Verbindung kommt nicht zustande, weil unsere Grenze wieder nur in unserem Kopf ist, wir uns selbst blockiert und uns eingeredet haben, dass es nicht funktionieren kann, weil wir einen Schritt nicht beachtet haben.

Ich möchte niemanden bekehren und belehren.
Jeder darf in seiner Welt bleiben.

Wenn die Menschen dann mit ihren Argumenten gar nicht mehr weiterkommen, dann sagen sie fünftens, dass Tiere einfach zu dumm sind für so etwas und ihnen damit komplett die Fähigkeit absprechen, telepathische Kommunikation überhaupt führen zu können. Mich trifft diese Aussage immer direkt ins Herz. Dabei sind genau die Tiere die wahren Meister in der telepathischen Kommunikation. Sie können es nämlich schon. Sie brauchen es nicht zu lernen und bringen mir sogar immer noch vieles bei. Und jedes Tier kann sich mit jedem Tier auf der Welt unterhalten. Es ist egal in welchem Land es lebt. Es ist eine Universalsprache. Und spätestens nach diesem Argument höre ich auf zu diskutieren. Dann merke ich, dass dieser Mensch überhaupt kein aufrichtiges und echtes Interesse an der Tierkommunikation hat und es überhaupt nicht verstehen will, dass es funktioniert. Ich möchte niemanden bekehren und belehren. Jeder darf in seiner Welt bleiben.

Ebenfalls habe ich schon das Argument gehört, dass man von der Tierkommunikation nicht leben kann. Wieso nicht? Ich bin in der Lage, Probleme von Menschen und Tieren zu lösen. Ich schaffe einen Mehrwert für meine Kunden. Ich höre den Menschen und den Tieren von Anfang bis zum Ende zu und gebe Ihnen eine Lösung ihres Problems mit an die Hand, die sie Schritt für Schritt sofort umsetzen können, wenn sie dazu bereit sind. Für meine Kunden wird das Verhältnis zu ihrem Tier auf eine ganz neue und intensive Ebene gehoben. Was gibt es Schöneres? Ich gebe ihnen einen Einblick in die Welt ihres Tieres und übermittle ihnen, was ihr Tier gerade denkt und fühlt und welche Sorgen und Nöte es hat. Und dass es so ist, lese ich immer in deren Rückmeldungen der Besitzer zu den Tiergesprächen. Theoretisch kann ich allen Tierbesitzern auf dieser Welt helfen, die von mir oder diesem Buch hier erfahren, da kein Problem zu schlimm ist und ich niemals ein Tiergespräch ablehnen würde. Ich verstehe auch nicht, warum sich manche Tierkommunikatoren nur auf Hunde, Katzen oder Pferde spezialisiert haben. Es ist genau dasselbe. Ich möchte kein einziges Tier ausschließen. Ich kann mein Wissen weitergeben und andere Menschen begleiten, die Tierkommunikation selbst zu lernen oder sich ebenfalls in diesem Beruf selbständig zu machen. Da ich auch bei null angefangen habe und direkt danach in die Selbständigkeit gegangen bin, kenne ich den gesamten Weg und kann dabei behilflich sein, diesen zu gehen. Ich weiß, dass man dabei keine Angst zu haben braucht. Man muss immer nur den nächsten Schritt kennen. Es ist ein absolut traumhafter Beruf, nein, es ist mehr. Es ist eine Berufung für mich! Ich mach es aus vollem und ganzem Herzen.

TELEPATHISCHE TIERKOMMUNIKATION – GANZ EINFACH ERKLÄRT

Der Begriff Telepathie kommt ursprünglich aus dem Griechischen und setzt sich aus zwei Wörtern zusammen. „Tele" für die Silbe fern und „Pathos" für die Silbe empfinden oder fühlen. Also ganz einfach gesagt, handelt es sich um „fern-fühlen", reine Gedankenübertragung von Mensch zu Mensch oder vom Menschen zum Tier und umgekehrt. Die Gedankenübertragung ist somit keine mystische, geheimnisvolle, rätselhafte und unergründliche Zauberkraft, die nur wenigen Menschen auf der Erde vorbehalten ist oder man angeblich jahrelang dafür üben muss, um diese Fähigkeit zu erlangen, sollte man es überhaupt jemals schaffen. Ganz einfach gesagt, es handelt sich hierbei um wortlose Kommunikation nur mittels Gedankenkraft und Gedankenaustausch von Herz zu Herz oder Seele zu Seele. Wie man es auch immer nennen möchte. Es ist eine Fähigkeit, die in jedem von uns vorhanden ist, aber schlummert und verkümmert, wenn wir sie nicht mehr benutzen. Man kann mit ihr Gedanken, Gefühle, Bilder, Geräusche, Gerüche, Filmsequenzen und Informationen übertragen.

In dieser geistigen Welt, wie sie auch noch genannt wird, gibt es keinen Raum und keine Zeit, so wie wir sie kennen. Alle Informationen sind bereits vorhanden und abrufbar. Informationen, die schon waren, gerade da sind und noch kommen werden. Man kann es sich nur nicht greifbar vorstellen. Ich kann sowohl mit verstorbenen als auch mit lebenden Tieren kommunizieren und Tiere auch zu Dingen befragen, die in der Zukunft liegen. Wissenschaftlich erklären lässt sich die telepathische Kommunikation allerdings (noch) nicht und wird deshalb leider abgelehnt, aber sie funktioniert trotzdem. Ich nenne dann immer gern das Beispiel mit dem Strom bzw. der Elektrizität. Keiner weiß so richtig, wie und warum Elektrizität funktioniert, aber wir nutzen sie trotzdem alle gern und haben sie uns zunutze gemacht. Wir wissen auch nicht, wie und warum die Schwerkraft funktioniert. Aber es gibt sie trotzdem und sie funktioniert immer und jederzeit. Ob wir daran glauben oder nicht. So ist es mit der telepathischen Kommunikation auch. Sie funktioniert – egal, ob wir daran glauben oder nicht. Ganz einfache Beispiele

Mein Herz ist direkt mit dem Herzen des Tieres verbunden. Meine Seele ist direkt mit der Seele des Tieres verbunden. Es ist eine sehr innige und vertraute Verbindung und ich spüre diese, als wäre das Tier direkt im Raum bei mir anwesend.

dafür, die sicherlich schon jeder einmal selbst erlebt hat: Man denkt an jemanden und genau in diesem Moment klingelt das Telefon. Ich denke an jemanden, dass dieser sich schon länger nicht mehr gemeldet hat – und ein paar Stunden später kommt eine E-Mail in der steht, ich wollte dir schon die ganze Zeit schreiben. Oder wenn man sich unterhält und beide Gesprächspartner synchron genau dasselbe Wort oder denselben Satz sagen. Jeder kann es also. Es ist etwas ganz Natürliches und Normales, aber es wird leider als Zufall abgetan. Diese Fähigkeit schlummert trotzdem in uns. Wir müssen sie einfach nur wieder aufwecken. Es ist wie eine Fremdsprache, die man längere Zeit nicht mehr gesprochen hat. Doch wenn man anfängt, diese wieder aktiv zu sprechen und zu benutzen, dann fallen einem immer mehr Vokabeln wieder ein und man kann es immer besser.

Ich bin mir zwar nicht sicher, ob Tiere wirklich Deutsch, Englisch oder gerade zufällig die Sprache derer sprechen, in der die Tierkommunikation in dem Moment geführt wird. Ich weiß aber ganz sicher, dass auf jeden Fall ein Austausch von Gedanken, Bildern, Worten, Sätzen, Gefühlen, kurzen Filmsequenzen und natürlich auch von Gerüchen jeglicher Art stattfindet. Erklärungsversuche der Wissenschaft gehen davon aus, dass es für unser Gehirn eben ganz normal ist, in unserer Muttersprache zu denken. Möglicherweise wird diese Sprache oder eben diese reine feinstoffliche Gedankenenergie, die wir von den Tieren empfangen, in einem kleinen Organ, einer kleinen Drüse in unserem Gehirn, simultan übersetzt. Deswegen bezeichne ich es immer als Tiergespräch, weil es eben für mich genau das ist. Nicht mehr und nicht weniger. Ich versuche es gar nicht erst, alles verstehen zu wollen. Ich nehme es so an, wie es ist und ich weiß, dass es funktioniert. Ich vertraue darauf und lasse es zu. Kommunikation wird oft als Unterredung, Gespräch oder Mitteilung definiert. Es ist aber auch der Austausch zwischen einem Sender und einem Empfänger. Auf eine Aktion erfolgt eine Reaktion. Für mich ist Kommunikation mit einem Tier aber viel mehr als das. Für mich bedeutet Kommunikation eine Verbindung von Herz zu Herz beziehungsweise Seele zu Seele. Mein Herz ist direkt mit dem Herzen des Tieres verbunden. Meine Seele ist direkt mit der Seele des Tieres verbunden. Es ist eine sehr innige und vertraute Verbindung und ich spüre diese, als wäre das Tier direkt im Raum bei mir anwesend. Als wäre es zum Greifen nahe, obwohl ich während der Tierkommunikation lediglich auf das Foto vor mir auf dem Tisch schaue. Ich erläutere dir dies später aber noch genauer. Wenn sich unsere Herzen und Seelen geöffnet und verbunden haben, ist es wie ein Gefühl von höchster Glückseligkeit, Klarheit, Frieden und Freiheit, als würde man im Raum schweben, Gänsehaut bekommen und diese feinstoffliche Energie als Kribbeln in den Fingern spüren. Sobald ich dies spüre, weiß ich, dass das Tier zur Kommunikation bereit ist, ich mit ihm verbunden bin und ich ihm meine Fragen stellen kann.

DIE ZIRBELDRÜSE ALS SITZ DER SEELE UND INTUITION

Diese Drüse, um die es hier geht, nennt sich Zirbeldrüse oder auch Epiphyse genannt. Da ich das Buch so einfach wie möglich halten möchte, erkläre ich es nur kurz, weil es sonst den Rahmen sprengen würde. Diese kleine Drüse in unserem Gehirn sitzt wahrscheinlich auch nicht rein zufällig ausgerechnet mittig zwischen der rechten und linken Gehirnhälfte. Alles hat seinen Sinn. Sie produziert Hormone, wie zum Beispiel ein Melatonin. Sie steuert unsere innere Uhr und reguliert unseren Schlaf. Gleichzeitig erhöht sie aber auch unsere Intuition, die wir für die Kommunikation mit Tieren bei jedem Gespräch nutzen. Aber diese Drüse vermag noch mehr. Schon seit tausenden Jahren gilt die Zirbeldrüse sogar als Sitz unserer Seele und unserer Intuition und wurde damals schon sehr geschätzt und stets verehrt. Als Kind dachte ich immer, die Seele muss bei meinem Herzen sein. Ich stellte mir dabei immer eine reinweiße Feder vor, die mittig und waagerecht auf meinem Herzen liegt und durch meine Rippen festgehalten wird, damit sie nicht wegfliegen kann, solange ich sie hier auf der Erde brauche und lebe. Die Erwachsenen sagten auch immer: „Ein Herz und eine Seele." Als Kind muss man sich immer selbst etwas basteln, wenn es einem keiner erklärt, um irgendetwas verstehen zu können. Und wenn jemand stirbt, so dachte ich dann immer, fliegt diese weiße Feder in den Himmel. Dann ist sie frei und kann gehen. Solange, bis der nächste Mensch sie dann wieder braucht, wenn er wieder neu und ganz klein auf die Erde kommt.

Aber da wir heute unsere Intuition durch die ständige Reizüberflutung in unserem Gehirn nicht mehr bewusst nutzen, uns nicht mehr auf das Wesentliche konzentrieren können, verkümmert diese für uns wichtige Eigenschaft. Sie ist aber trotzdem noch da und kann jederzeit reaktiviert werden. Viele sehen sie als Verbindungstür zur geistigen Welt, sogar als Fähigkeit zum Hellsehen, der blitzschnellen Unterscheidung zwischen Wahrheit und Unwahrheit, und erzählen, dass man Euphorie und Einheit spürt, wenn diese Drüse und Funktion aktiviert ist. Das kann ich bestätigen.

Aber jetzt wieder zurück zu den Tieren, bevor ich zu weit abschweife: **Wann ist telepathische Tierkommunikation sinnvoll und hilfreich?**

ALLGEMEINE ANWENDUNGSBEISPIELE

Die Anwendungsbeispiele für eine Tierkommunikation sind sehr vielfältig. Manchmal möchte ich einfach nur wissen, wie es meinem Tier jetzt gerade geht. Wie es sich fühlt, was es gerade denkt. Wie es sich selbst sieht, wie es andere sieht, wie es die Welt sieht. Allein bei diesen kleinen Dingen können sich stundenlange Gespräche entwickeln. Meine beiden Seelentiere Tipsi und Onyx freuen sich immer über unsere Gespräche. Wenn ich zeitweise sehr viel in meinem Büro zu tun habe und dann nicht regelmäßig Kontakt aufnehme zu Tipsi, sie aber schon länger darauf wartet, dann begrüßt sie mich schon mal mit einem „Na, du warst ja lange nicht mehr da!" oder „Schön, dass du dich mal wieder meldest!" Das berührt mich immer sehr. Im Gegensatz dazu ist Onyx etwas wortkarger, direkter und bringt alles gleich auf den Punkt: „Hi! Ja, was gibt´s?" Ebenso gilt dies für alle möglichen Fragen im direkten Zusammenleben mit dem Tier. Schmeckt dir dein Futter? Möchtest du etwas anderes haben? Manche Hunde mögen tatsächlich lieber Fisch als Fleisch. Man kann Tiere alles fragen, was man will. Allerdings muss man dabei ihren freien Willen akzeptieren. Jedes Tier hat die freie Wahl, die Fragen von uns Menschen zu beantworten. Sie sind dazu nicht verpflichtet und der Mensch muss dies akzeptieren. Manchmal antworten sie auch mit einer Gegenfrage, um uns zum Nachdenken zu bringen. Ich hatte es auch schon, dass sich Tiere über ihre tierischen Mitbewohner beschwert haben und es deswegen öfters Kämpfe und Streit gab unter den Tieren in der Familie. Aber, das lässt sich alles lösen. Gefällt dir dein Liegeplatz? Manche Hunde waren schon empört über die Farbauswahl ihrer Liegedecken. Sie möchten bitte eine andere Farbe haben, die besser zu ihrem Fell passen würde. Manche liegen lieber im Flur anstatt im Wohnzimmer. Katzen liegen lieber am Fenster, damit sie die Gegend besser beobachten können. Willst du irgendwas anders haben? Willst du mehr rausgehen? Man bekommt auf alles eine Antwort. Ich kann mich bis jetzt an keinen Fall erinnern, bei dem ich keine Antwort auf meine Frage bekommen hätte.

BEVORSTEHENDER TIERARZTBESUCH

Ebenso wichtig ist es, wenn ein Tierarztbesuch ansteht. Jeder Tierbesitzer kennt das. Man muss nur an den Tierarzt denken, schon sind die Tiere plötzlich unbekannt verzogen, unsichtbar geworden, kommen nicht mehr nach Hause, weil sie ganz selbstverständlich unsere Gedanken lesen können. Genau dieses Beispiel ist für mich immer der Beweis, dass Tiere unsere Gedanken lesen können. Viele Tiere verstehen aber nicht, dass der Tierarzt ihnen helfen will. Für uns ist es normal, dass wir zu einem Arzt gehen, wenn wir krank sind. Für Tiere nicht. Tiere gehen nicht zum Arzt. Aber sie nehmen bereits vor der Tierarztpraxis die Schwingungen und Energien wahr. Es fühlt sich dort nicht gut an, weil fast alle Tiere Angst haben, die dort hingebracht oder „gezwungen" werden. Alles ist voller Anspannung, Angst, Stress und Hektik. Die Luft knistert fast. Das kann folglich für ein Tier nicht gut sein, dort hingehen zu müssen. Ich erkläre den Tieren, warum sie dort hinmüssen und ich erkläre ihnen auch genau, was der Tierarzt alles machen wird. Die Tiere verstehen dann, dass man ihnen helfen will und verhalten sich in der Folge tatsächlich auch ganz anders. Und wenn der Mensch dann auch noch Angst hat, weil er weiß, wie sich das Tier in der Tierarztpraxis verhält, überträgt sich die Angst sofort auf das Tier und es verhält sich dann auch genauso, wie der Mensch es denkt. In einem Gespräch erzählte mir eine Katze, dass sie es nicht mag, wenn sie überall von fremden Menschen angefasst wird und dann auch noch am Ende eine Spritze bekommt. Darüber war sie sehr empört. Sie war solange freundlich, bis der Tierarzt sie aus ihrer Box holte. Dieser brauchte dann Schutzhandschuhe. Ich erklärte ihr, dass der Tierarzt ihr nichts Böses will und ihr helfen will. Damit sie gesund bleibt und nicht krank wird. Die Katze verstand dies dann und der nächste Besuch, soll laut Tierbesitzerin dann tatsächlich sehr entspannt gewesen sein. Oft verbinden Katzen schon etwas schlimmes mit dem Anblick der Transportbox. Ich kann dir zeigen, wie du aus deiner Transportbox ein Sicherheitskästchen für deine Katze machst.

VERHALTENSAUFFÄLLIGKEITEN UND WESENSÄNDERUNGEN

Ganz oft werde ich bei Verhaltensauffälligkeiten und plötzlichen Wesensänderungen zu Rate gezogen. Meistens ist es nur eine winzige Ursache, die aber für das Tier ganz furchtbar ist. Ganz schlimm ist es für ängstliche und unsichere Tiere, wenn sie keine Vorstellung davon haben, was wir genau heute alles vorhaben oder was sie heute erwartet. Denn wenn Tiere Stress oder Angst haben und wir nicht im Hier und Jetzt sind, weil unser Kopf mit vielen anderen Gedanken, Stress und Hektik überfüllt ist, sind beide Seiten von der Kommunikation abgetrennt und die Tiere können unsere Gedanken unter diesen Umständen dann tatsächlich nicht mehr lesen. Viele Tiere beruhigt es deswegen, wenn man ihnen vorher sagt, was als nächstes kommt und heute noch alles auf dem Plan steht. Oder noch schlimmer. Manche Tiere denken, es liegt an ihnen selbst, dass sich etwas plötzlich geändert hat. So gibt es Pferde, die nicht mehr in den Hänger gehen wollen und sich weigern, weil sie Angst haben, sie kommen nicht mehr zurück zu ihren Freunden. Es gibt Pferde, die schon mehrmals verkauft wurden, die plötzlich Angst und Depressionen bekommen, weil sie denken, sie seien nichts mehr wert und geben sich selbst auf. Es gibt Hunde, die wie angewurzelt stehen bleiben, wenn sie über eine Holzbrücke gehen sollen, aber nur die aus Beton kennen. Sie gehen einfach davon aus, dass eine Holzbrücke nicht sicher genug für sie ist. Warum sollten sie das Risiko eingehen, dort hinüberzugehen, wenn Herrchen und Frauchen doch dann (ihretwegen) dann lieber den Umweg machen.

Ich habe zwei Pferde bei einem Stallwechsel begleitet. Der bisherige Stall passte nicht mehr zu den Vorstellungen, die die Stallbesitzer ursprünglich hatten. Die Absprachen wurden nicht mehr eingehalten und nicht mehr umgesetzt, weil ihnen andere Dinge wichtiger wurden. Die Pferde erzählten mir, dass sie spüren würden, dass die Stimmung in der Herde immer schlechter wurde, und sie fühlten sich ebenfalls nicht mehr wohl. Sogar das Futter würde nicht mehr so gut schmecken wie am Anfang. Eine andere neu hinzugekommene Stute verbreitete Unruhe und niemand von den Menschen hätte bisher bemerkt, dass sie vom Typ her nicht in ihre Herde passen würde. Seitdem die Pferde im neuen Stall waren, blühten sie von Tag zu Tag mehr auf und fanden sehr schnell Anschluss zu ihren neuen Freunden.

Also muss dies ganz schlimm sein. Das Tier versteht in dem Moment, in dem es selbst Angst hat dann gar nicht, dass der Mensch den Umweg gewählt hat, weil er gemerkt hat, dass das Tier Angst hat und dadurch selbst unsicher wird oder sich aufregt. Das Tier denkt aber, der Mensch hat auch Angst vor der komischen Brücke und fühlt sich dadurch falsch bestätigt. Der Mensch verstärkt und bestätigt somit leider unwissend das ungute Gefühl von dem Tier noch.

Ein Hund fand es ganz furchtbar, dass sein Liegeplatz mitten im Flur war. Er wollte seine Ruhe haben, aber alle liefen immer direkt an ihm vorbei. Er hatte keinen Rückzugsort mehr. Er wünschte sich einfach nur einen Ort, an dem er nicht mehr von jedem sofort gesehen und angefasst wurde. Er wünschte sich ein ruhiges Nebenzimmer, in das er sich zurückziehen konnte, wenn er Ruhe brauchte. Die Besitzer haben dann seinen Liegeplatz in das Nebenzimmer verlegt. Der Hund konnte sich nun jederzeit zurückziehen und von selbst wieder rauskommen. Er war seit dem Umzug wesentlich entspannter und kam wieder besser zur Ruhe. Andere Hunde finden es im Gegensatz dazu langweilig und wollen immer mitten im Geschehen sein. Jedes Tier hat seinen eigenen Charakter, der respektiert werden möchte

TRAUMA

Viele Tiere, die aus dem Tierschutz zu uns kommen, haben ganz oft ein Trauma erlitten. Sei es durch ihre damaligen Besitzer oder beim Einfangen von der Straße, beim Transport des Tieres. Während meiner Ausbildung hatten wir von einer Besitzerin einen kleinen Hund aus dem Tierschutz, mit dem wir kommunizieren sollten. Er ließ sich monatelang nicht anfassen. Er trug ein Geschirr. Es war ihm schon viel zu klein und behinderte ihn und scheuerte sein Fell durch. Aber dass man es ihm abnehmen wollte und ihn deswegen anfassen musste, war noch viel schlimmer für ihn. Er erzählte mir dann, dass ein Mensch ihn am Geschirr hochgehoben hatte und ihn wie einen Müllsack einfach weggeworfen hatte und er dann sich selbst überlassen wurde. Der Rücken und die Brust taten ihm ständig weh, weil alles viel zu eng war und ihn einschnürte. Nachdem der Auslöser und die Ursache der Angst gefunden war und wir alle mit dem Tier sprachen und wir ihm versichert haben, dass ihm nichts geschehen würde und wir ihm nicht weh tun und nur helfen wollten, vertraute er uns schließlich und ließ sich das Geschirr von seiner Besitzerin endlich abnehmen. Ab diesem Moment war er wie befreit, konnte sein Glück kaum fassen und fasste endlich wieder Vertrauen zu den Menschen. Dann ließ er sich auch wieder anfassen und streicheln.

FAMILIENUMZUG UND STALLWECHSEL

Ein bevorstehender Umzug einer kompletten Familie mit Menschen und Tieren ist ebenfalls nicht zu unterschätzen. Für das Tier ändert sich damit ebenfalls alles in seinem Leben. Es muss in der neuen Umgebung wieder neue Freunde finden und sich wieder neu in dort vorhandenen Strukturen einfügen.

Es wird aus seiner gewohnten Umgebung, den gewohnten Gerüchen und aus seinem Revier herausgerissen. Wenn man ihnen das alles vorher erklärt was sie erwartet, finden sie es nicht mehr so schlimm und können sich in ihrem neuen Zuhause besser einleben, denn sie wissen, dass sie immer noch ihre Menschen bei sich haben werden. Ich wurde auch schon für einen bevorstehenden Stallwechsel für zwei Pferde zu Rate gezogen.

Die Besitzerin hatte zwei neue Ställe zur Auswahl und besuchte diese beiden Ställe mehrmals, um sich ein Bild zu machen und sah sie sich genau an. Sie wollte jedoch trotzdem ihren tierischen Gefährten die Möglichkeit geben, sich dazu zu äußern, obwohl sie sich eigentlich schon für einen Stall entschieden hatte. Ihre Pferde sahen das erstaunlicherweise genau andersherum und wollten in den anderen Stall. Die Besitzerin konnte das erst gar nicht glauben, weil sie dachte, sie kenne ihre Tiere gut genug. Die Pferde konnten mir aber genau erklären, warum und was an dem anderen Stall viel besser war, obwohl sie keinen der beiden Ställe jemals gesehen hatten. Dadurch, dass sich ihre Besitzerin schon länger intensiv damit beschäftigt hatte und auch während ihrer Ausritte immer wieder daran dachte und sie schon eine sehr gute Verbindung zu ihren Pferden hat, haben die Pferde ihre Gedanken gelesen und die Bilder der Ställe empfangen. Die Pferde betonten mehrmals, sie sollte sich keine Sorgen machen. Die Entscheidung für den anderen Stall wäre richtig. Aber wenn sie das schlussendlich nicht wollte, dann würden sie natürlich auch in den anderen Stall mitgehen, der ihrer Besitzerin besser gefiel. Tatsächlich stellte sich bereits nach wenigen Wochen heraus, dass die Pferde Recht hatten. In dem anderen Stall, den der Mensch erst favorisiert hatte, hielt man sich plötzlich nicht mehr an Absprachen. Umbauten, die noch gemacht werden sollten, wurden verschoben, anderes Futter und Heu wurde verwendet, als vorher besprochen wurde. Im neuen Stall fühlten sie sich sichtlich wohl. Ich hatte sie dort auch noch einmal persönlich besucht. Die Pferde bedankten sich bei mir und die Besitzerin erzählte später, sie wären nach meinem Besuch ganz anders gewesen und ihr Vertrauensverhältnis hätte sich dadurch noch mehr gestärkt.

NACHWUCHS MENSCH UND/ODER FAMILIENZUWACHS BEIM TIER

Wenn sich ein neues Familienmitglied ankündigt, sei es Mensch oder Tier, ist das auch meist schwierig für Tiere zu verstehen. Wenn plötzlich ein Baby da ist, ist es so, dass die Tiere plötzlich nicht mehr im Mittelpunkt stehen und nicht mehr die komplette Aufmerksamkeit des Besitzers bekommen. Das kann bei manchen Hunden und Katzen sogar Krisen auslösen. Sie werden eifersüchtig, verlieren ihre Stubenreinheit oder fangen an, Dinge zu zerstören. Sie möchten weiterhin die ungeteilte Aufmerksamkeit ihrer Besitzer wieder zurückhaben. Als meine Nichte geboren wurde, hatte Onyx anfangs auch Probleme damit. Ihm war zwar klar, dass es nicht an ihm lag, aber er wollte sein Frauchen auch schon ab und zu mal wieder ganz für sich allein haben. Er sagt, er würde meiner Nichte nie etwas tun und sie immer beschützen und ist sogar bereit, sie mit seinem Leben zu verteidigen. Aber da die beiden sowieso miteinander kommunizieren, weil dies für kleine Kinder ganz normal und natürlich ist, mache ich mir da auch keine Sorgen. Er

32

hat es mir versprochen und ich vertraue ihm. Ebenso ist es, wenn ein neues Tier in die Familie aufgenommen wird. Die bereits vorhandenen Tiere möchten gern dazu befragt werden, was sie davon halten, wenn ihnen schon einfach so jemand Neues vor die Nase gesetzt werden soll. So kann man Revierkämpfe bei Hunden und Katzen vermeiden. Es kam auch schon vor, dass ein Tier dafür war und eines dagegen, ein drittes Tier aufzunehmen. Da die Tiere uns aber bedingungslos lieben, nehmen sie es trotzdem an, wenn sich der Mensch anders entscheidet.

URLAUB, LÄNGERE ABWESENHEIT

Viele Tiere haben einfach nur Verlustangst, wenn ihr Mensch ohne sie in den Urlaub fährt oder eine längere Abwesenheit bevorsteht, wie eine Dienstreise zum Beispiel. Wenn es gutgeht, kann das Tier zuhause in seiner Wohnung und gewohnten Umgebung bleiben. Andere müssen dann schon mal in eine Tierpension. Während manche Tiere damit überhaupt kein Problem haben und sich auf diese Abwechslung wirklich freuen, leiden andere dafür umso mehr. Sie sehen dabei nur Folgendes: ein leerer Koffer im Flur – ein voller Koffer im Flur - voller Koffer weg - Mensch weg. Sie haben Verlustangst, dass ihre Menschen nie mehr wiederkommen und/oder sie nicht mehr aus der Tierpension abgeholt werden. Viele verweigern dann für ein paar Tage sogar die Nahrung.

Viele Tiere haben einfach nur Verlustangst, wenn ihr Mensch ohne sie in den Urlaub fährt oder eine längere Abwesenheit bevorsteht

Viele Tierbesitzer kennen das Folgende sicherlich auch. Man ist wieder da, freut sich auf sein Tier, das Tier beachtet den Menschen erstmal nicht oder man wird sogar erst einmal angefaucht oder gekratzt oder angebellt und ignoriert und der Mensch versteht die Welt erstmal nicht mehr. Das heißt nichts anderes als: „Jetzt weißt du mal, wie das ist, wenn du einfach so weg gehst!" Das hält dann erst noch ein bis zwei Stunden an. Danach ist alles wieder gut.

Ein Kater erzählte mir, dass sein Frauchen öfters wegmusste. Da Frauchen nicht wusste, wie sie sich ihm gegenüber verhalten sollte, meinte sie es gut, wollte es kurz und schmerzlos machen und sie war dann einfach mit dem

Koffer verschwunden, während der Kater draußen unterwegs war. Das war sehr furchtbar für den Kater. Er beschwerte sich deswegen dann bei mir, nachdem er seinen Protest in der Wohnung kundgetan hatte, und sagte vorwurfsvoll zu mir: „Ich kann doch den Kalender. Warum sagt sie nichts, wie lange sie wegbleibt?" Ich habe ihm dann erklärt, wieviel Tage sie dann demnächst wieder wegbleibt und wann sie dann wiederkommt. Dieser Kater hat beides verstanden. Ich habe gesagt fünf Tage und fünf Nächte und am 26. August ist sie wieder da. Er wusste damit etwas anzufangen. Ich habe ihm auch die genaue Uhrzeit übermittelt, indem ich mir eine analoge Bahnhofsuhr vorstellte und ihm das Bild mit der Uhrzeit gedanklich schickte. Tiere wissen das also sehr genau, vorausgesetzt, wir lassen sie an unserem Leben teilhaben. Seitdem war es nicht mehr schlimm, wenn Frauchen wieder wegmusste. Er wusste, wann - und dass sie wiederkommt. Er hatte einen Plan. Das ist für Tiere sehr wichtig. Viele mögen es nicht, wenn sie vor vollendete Tatsachen gestellt werden. Das kränkt sie sehr, weil sie dann das Gefühl haben, sie gehören nicht richtig dazu.

VERMISSTE UND ENTLAUFENE TIERE

Bei vermissten oder entlaufenen Tieren hingegen wird es etwas schwieriger. Wenn vermisste Katzen zum Beispiel in einem Keller oder in einer Garage eingesperrt sind, dann können sie nicht genau sagen, wo sie sich gerade befinden. Sie können zwar sagen, was sie sehen, hören und riechen, aber man kann daraus nicht immer schließen, wo sie sich gerade befinden. Durch die genaue Beschreibung, wo sie sich davor noch aufgehalten haben und welchen Weg sie gegangen sind, gelingt es teilweise trotzdem, die Katze ausfindig zu machen. Ich gehe dann in Gedanken ihren Weg mit und lasse mir alles zeigen, was sie auch gesehen hat. Es gibt auch Katzen, denen gelingt es sogar, eine genaue Adresse durchzugeben und manche schicken eine Art Ortsplan, wo man sie abholen kann. Es ist also alles möglich. Je nachdem, wie sie sich selbst in ihrem Revier auskennen oder nicht. Bei einem entlaufenen Tier muss man zuerst

34

herausfinden, ob es freiwillig oder durch einen Schock oder Trauma davongelaufen ist – oder ob es von einem Fremden mitgenommen wurde.

Den Kontakt zu einem Tier kann man nur herstellen, wenn man selbst entspannt und ruhig ist und das Tier auch. Dazu erzähle ich dir später aber noch mehr. Wenn es also in Panik irgendwo herumrennt, wird es nicht ansprechbar sein. Möglicherweise muss man dann erst einige Zeit warten, bis es irgendwo angekommen ist und sich beruhigt hat. Bei Hunden ist es so, dass sie ihre eigene Fährte zurückverfolgen können. Meist genügt es, zwei bis drei Stunden genau an der Stelle zu warten, an der das Tier davongelaufen ist. Es kommt zurück. Kommt es dann zurück, aber der Mensch ist nicht mehr da, dann gerät es erneut in Panik und es kann dann passieren, dass es gar nicht mehr zurückkommt und irgendwo im Wald verschwindet und immer verzweifelt weiterläuft, in der Hoffnung, seinen Menschen wiederzufinden. Manche Tiere wollen sogar in einzelnen Fällen überhaupt nicht mehr gefunden werden. Sie sind aus eigenem Antrieb ausgerissen, weil sie zum Beispiel geschlagen oder schlecht behandelt wurden oder sich überflüssig gefühlt haben. Dann kann es passieren, dass sie keine Anhaltspunkte zu ihrem aktuellen Aufenthaltsort geben. Und ich gebe dies dann genau so an die Besitzer weiter.

So einen Fall aus Griechenland, besser gesagt die Halbinsel Peloponnes, hatte ich leider im letzten Jahr. Nach einem Unwetter kam ein Hund nicht mehr nachhause, der mit seinem Bruder draußen spielte. Ich versuchte herauszufinden, wo er war. Es lief in knapp einer Woche 70 km und hatte sich hoffnungslos verlaufen. Er schickte mir ein Bild von seinem aktuellen Aufenthaltsort. Er holte sich aus einer grünen Mülltonne, die bei einem Restaurant stand nachts die Essensreste, beschrieb mir den Leuchtturm, den er sah, die steile enge Straße und zum Glück ein Elektrizitätswerk und einen Fluss. Dadurch wusste ich genau, wo er war. Ich gab seiner Besitzerin Bescheid. Diese rief in dem Restaurant an und der Wirt bestätigte, dass er diesen großen weißen Hund schon ein paarmal gesehen hatte, der immer an seiner Mülltonne war. Die Frau hatte aber keine Möglichkeit, die 70 Kilometer zu fahren und den Hund abzuholen, weil sie kein Auto hatte.

Ich erzählte das dem Hund und fragte ihn, ob ich ihn nachhause lotsen sollte. Dieser lehnte das zu meiner Verwunderung ab. Er wollte nicht mehr nachhause.

Ich fragte ihn warum. Er sagte, dass er es nicht mehr ertragen könne, dass sein Frauchen Tiere zu sich nachhause holt, die ein paar Tage später dann bei ihr sterben würden. Dieser ständige Geruch des Todes. Und um ihn würde sie sich nicht kümmern. Er sei mittlerweile überflüssig geworden. Er würde nun hierbleiben. Er hätte sich einem wilden Hunderudel angeschlossen, die oben im Wald leben würden. Es ginge ihm gut und er kommt nicht mehr zurück.

Ich leitete das der Besitzerin dann 1:1 so weiter und sie erzählte mir, dass sie tatsächlich im Tierschutz arbeiten würde und Hunde mit nachhause nimmt, die von einem Auto angefahren wurden, eine Operation hinter sich hatten oder nicht mehr lange zu leben hatten, weil sie schwerkrank waren. Sie hatte aber Verständnis für ihren eigenen Hund. Sie gab ihn dann frei und er sollte nun bei dem Hunderudel glücklich werden.

Sie rief den Gastwirt noch einmal an, der dann auch bestätigte, dass oben im Wald ein Hunderudel lebt. Manchmal würde man das Bellen hören. Aber es geht dem Hund jetzt besser als vorher. Nun hat er neue Freunde gefunden und kann sein Leben wieder genießen.

RANDGEBIETE DER TELEPATHISCHEN KOMMUNIKATION

Zur Kommunikation mit lebenden Tieren gehört für mich ebenfalls die Sterbebegleitung eines Tieres dazu und auch die Kommunikation mit bereits verstorbenen Tieren. Ich kann in jedem Fall den betroffenen Menschen beratend und tröstend zur Seite stehen. Ein Tier möchte selbst entscheiden, wann es gehen möchte, da es einen eigenen Willen und seine Würde hat, was man als Mensch in jedem Fall respektieren sollte. Tipsi hat sich den Zeitpunkt von dieser Welt zu gehen, selbst ausgesucht. Es war genau an meinem Geburtstag. In den vorherigen Gesprächen war sie nie bereit zu gehen, weil sie ihre Lebensaufgabe, die man ihr „da oben" mitgegeben hatte, noch nicht erfüllt hatte. Sie stand nach den immer öfters vorkommenden epileptischen Anfällen immer wieder auf und machte das Beste aus ihrem Leben. Aber ich merkte und spürte genau den Zeitpunkt, als es soweit war. Sie war auf einmal völlig entspannt, es ging eine gefühlte Leichtigkeit von ihr aus und vom Gefühl her war sie plötzlich einige Jahre jünger geworden. So, als hätte sie nun alles losgelassen und war nun bereit zu gehen. Ich erzähle an einer anderen Stelle noch genauer darüber.

Der Vollständigkeit halber möchte ich hier noch erwähnen, dass Tierkommunikation auch mit ganzen Tiervölkern wie zum Beispiel Bienen, Wespen, Ameisen und sogar Tiergruppen wie Kühen, Pferden, Ziegen und Hühnern möglich ist. Der uns stets erheiternde Satz in der Ausbildung war immer: „Fragt zuerst nach dem Chef!". Denn nicht jedes Tier aus einer Herde oder Gruppe hat die erforderliche Kompetenz, dass es mit uns kommunizieren darf oder Entscheidungen für die ganze Gruppe treffen kann. Mit Ameisen kann man durchaus verhandeln, dass sie ihre Straßen ändern und Wespen kann man durchaus dazu bewegen, ihr Nest an einer anderen Stelle zu bauen, da sonst die Gefahr für beide Seiten zu groß wird. Sogar Hausspinnen, Stubenfliegen, Bienen und Wespen kann man bitten, wieder ins Freie zu fliegen. Man muss sie nicht töten oder den Staubsauger holen.

Ein Mensch hat ebenfalls das Recht dazu, dem Tier zu sagen, dass sein Haus sein Revier ist und das das Tier bitte gehen möchte. Spinnen im Bad sage ich, sie sollen sich in die Badewanne setzen. Dann lasse ich sie am nächsten Tag wieder raus. Stubenfliegen, Bienen und Wespen, die dauernd gegen die Fensterscheibe fliegen oder dort schon verzweifelt nach einem Ausgang suchen, mache ich das Fenster auf und sage, sie können nun rausfliegen, der Weg ist frei. Manchmal sind sie aber schon so in Panik, dass sie den Weg nicht von allein finden, obwohl sie die Luft von draußen schon spüren können. Die ganz Mutigen krabbeln dann auf meine Hand, wenn ich sie einlade und andere muss ich dann erst noch ein bisschen von der Scheibe wegscheuchen, damit sie ein Stück fliegen und merken, dass das Fenster offen ist.

37

WILDTIERE

Ebenso funktioniert die Kommunikation mit Wildtieren. Mit Wildtieren, die man plötzlich mitten im Wald trifft und sich beide Seiten erst mal kurz erschrecken, können durchaus nette Gespräche und Begegnungen entstehen. Wenn ich mit Onyx im Wald unterwegs bin, erkläre ich Hasen und Rehen schon mal, dass sie keine Angst haben müssen und der Hund ihnen nichts tun wird, weil er auf mich hört und zu meinem Rudel gehört. Und in meinem Rudel wird nicht gejagt und nicht getötet, solange ich in der Lage bin, selbst das Hundefutter zu besorgen.

Ich habe auch schon Elstern und andere Vögel in meinem Garten „geschimpft", weil sie sich gestritten haben oder kleinere Vögel angreifen wollten. Ich habe ihnen dann gesagt, dass ich so etwas nicht in meinem Garten dulde. Hier darf jeder hinkommen. Sie sollen sich entweder benehmen oder woanders hinfliegen. Mittlerweile kennen mich die Tiere und es reicht auch schon mal ein Pfiff aus. Da es aber Wildtiere nicht gewohnt sind, dass wir mit ihnen kommunizieren, kann es schon mal etwas länger dauern, bis sie Vertrauen fassen.

ZOOTIERE

Zootiere hingegen kommunizieren sofort, weil es eine gelungene Abwechslung ist gegen ihre Langeweile. Selbst die Tierpfleger sind dann immer erstaunt, was die Tiere alles erzählen, was sie selbst noch nicht wussten.

BÄUME, PFLANZEN UND BLUMEN

Absolut spannend ist auch die Kommunikation mit Bäumen, Pflanzen und Blumen. Sie haben zwar in dem Sinne kein schlagendes Herz, aber dafür eine Seele, die man erreichen kann. So konnte ich schon mehreren davon das Leben retten. Denn auch diese Geschöpfe haben spezielle Wünsche, die leider nicht immer in der Pflegeanleitung stehen und haben sogar Probleme mit ihren Nachbarn auf der Fensterbank. Und meinen Apfelbaum schüttelt es regelmäßig, wenn der Hund ihm im Garten zu nahekommt.

Büsche wünschen sich oft alte Freunde zurück, die mal bei ihnen standen und manche Bäume mögen es nicht, wenn man ihnen auf die Wurzeln tritt, wenn diese aus der Erde herausragen. Manche Bäume sind sogar kitzelig, von Vögeln genervt und möchten nicht geschnitten werden, weil ihnen das weh tut. Der Baum gab mir zumindest den Tipp, dass man dies im Winter machen könne, weil er dann sowieso schlafen würde und es ihm dann nicht wehtun würde.

Mein Weihnachtskaktus Monja mit dem Original Gesprächsprotokoll

Hier erzählte mir mein Weihnachtskaktus, der sich mit „Ich heiße Monja" vorstellte, dass sie im Winter zu viel gieße und sie davon kalte Füße bekommt, friert und dann ihre langen Arme nicht mehr tragen kann. Sie möchte im Winterhalbjahr vom Schrank im Flur weg und auf einer Fensterbank mit einem Heizkörper darunter stehen. Das habe ich befolgt und seitdem blüht sie immer einmal zu Ostern und einmal Anfang Dezember. Mein Weihnachtsstern stellte

sich zwar nicht mit Namen vor, aber möchte jeden Tag einen halben Becher warmes Wasser haben, auch im Sommer. Den habe ich bereits im zweiten Jahr im Wohnzimmer stehen. Er hat zwar nur grüne Blätter, weil ich ihm sonst für die Blüte das Tageslicht entziehen müsste, aber das mache ich nicht. Jetzt ist es ein grüner Busch.

Meine Einblätter haben sich mit Fridolin und Jonas vorgestellt und jeder hat andere Wünsche, die ich gern befolge. Mein Apfelbaum hat sich mit Richard vorgestellt. Da er schon seit mindestens 50 Jahren im Garten steht und schon viel erlebt hat, ist er sehr klug und weise. Ihn kann man vieles fragen. Er freut sich immer, wenn im Herbst die Vögel kommen und seine Äpfel fressen. Nur wenn der Onyx morgens in den Garten kommt, das hat er nicht so gerne...

MUSS DAS TIER ANWESEND SEIN?

Nein. Das Tier selbst muss bei der telepathischen Tierkommunikation nicht anwesend sein. Ein Foto von deinem Tier sowie sein Name ergeben bildlich gesehen für mich seine private Telefonnummer, unter der ich es erreiche und das Gespräch dann führe. Es ist egal, wie alt das Foto ist. Es geht nur um die Energie, die in dem Ur-Foto mit dem Tier gespeichert ist. Und mit „Foto" meine ich auch einen E-Mail-Anhang oder Austausch über einen Messenger-Dienst. Das Übertragungsmedium ist völlig egal. Auch das Papier, auf dem ich das Foto dann ausdrucke. So gesehen ist alles Energie und trotzdem funktioniert es – oder gerade deswegen. Es ist ebenso völlig egal, an welchem Ort sich dein Tier zum Zeitpunkt der Tierkommunikation gerade befindet. Ob es bei dir liegt, nebenan oder 6.000 Kilometer entfernt ist. Ich verbinde mich telepathisch mit dem Energiefeld deines Tieres. Wie das funktioniert, erkläre ich dir später noch.

Bevor ich aber das eigentliche Gespräch führe, stelle ich mich kurz vor, damit das Tier weiß, wer ich bin und wer mir die Erlaubnis für das Gespräch erteilt hat. Danach bitte ich es um Erlaubnis, ob das Tier überhaupt mit mir kommunizieren möchte. Es ist schließlich sein freier Wille. Es muss nicht mit mir kommunizieren und ist nicht verpflichtet, meine Fragen zu beantworten. Denn stell dir vor, ein Fremder würde plötzlich an deiner Haustür klingeln und dir, ohne sich selbst vorzustellen, ungefragt Fragen stellen. Wie fändest du das? Genau. Das wäre sehr unhöflich. Und so geht es den Tieren auch.

LEBENDE, STERBENDE UND VERSTORBENE TIERE

Die telepathische Tierkommunikation funktioniert sowohl mit lebenden, sterbenden als auch mit bereits verstorbenen Tieren. Da diese Gedankenenergie keinen tatsächlichen Körper braucht und die Kommunikation auf einer anderen Ebene stattfindet, macht es daher keinen Unterschied.

STERBENDE TIERE

Wenn Tiere ihren letzten Weg über die Regenbogenbrücke antreten, ist es für uns Menschen besonders schwierig, eine Entscheidung zu treffen. Mit meiner Lehrmeisterin Tipsi habe ich frühmorgens an meinem eigenen Geburtstag noch gesprochen. Sie war ein paar Wochen zuvor 18 Jahre alt geworden und es ging ihr gesundheitlich immer schlechter. Sie hatte sich entschieden, an meinem Geburtstag über die Regenbogenbrücke zu gehen. Ihre Aufgabe auf unserer Erde sei erfüllt gewesen, sagte sie. Ein Tumor, der sich unerwartet schnell gebildet hatte, war aufgebrochen und das Nasenbluten hörte schon seit dem Vortag trotz mehrerer Unterbrechungen nicht mehr auf. Sie begrüßte mich während unseres Gesprächs wie gewohnt und ich spürte sofort ihre Leichtigkeit und Freude. Es war nicht mehr diese Schwere und Schmerzen in ihrem Körper zu spüren, die sie in letzter Zeit vermehrt hatte. Sie war nur ein bisschen genervt, weil ihre Nase dauernd lief. Es hörte manchmal auf, aber fing dann wieder an. Sie empfand das aber nicht als schlimm. Sie zeigte mir eine Reihe von verschiedenen Bildsequenzen, die ich vorher noch nie von ihr zu sehen bekam. Es strahlte alles ganz hell um sie herum. Es fühlte sich alles befreit und leicht an. Ein Gefühl ging von ihr aus, als hätte man sich gerade über etwas kaputtgelacht und ich hatte dieses herrliche Gefühl, wie nach einem Lachanfall. Sie fühlte sich ganz jung an. Nicht mehr so schwerfällig, steif und langsam. Als würde sie gerade irgendwo an ihrem Lieblingsplatz in der März-Sonne liegen und von den Sonnenstrahlen gewärmt werden. Dann zeigte sie mir einen riesigen Kreis am wolkenlosen blauen Himmel. Dieser erinnerte mich an eine überdimensionale Seifenblase. Die Sonne spiegelte sich teilweise darin, so dass es mich blendete. An anderen Stellen zeigte sich ein Regenbogen. Der Umriss des Kreises war jedoch genau zu erkennen. Es war eine Mischung aus gelber, weißer und goldener Farbe. Während des Gesprächs wurde ich ab und zu noch geblendet durch dieses Licht und ich spürte Wellen, als würde ich auf einer Luftmatratze liegen und im Wasser treiben. Als würde ich selbst an meinem Tisch sitzend schweben. „Ich wünsche mir Frieden", sagte sie. „Es ist wie nach einem Gewitter." Sie zeigte mir einen riesigen Garten mit ganz vielen Obstbäumen. Es waren unzählige Apfelbäume, die ganz viele rote Äpfel trugen, mit einem einfachen Holzzaun umzäunt. Teilweise lag noch vertrocknetes Gras auf dem vorher gemähten Rasen und einige grüne Blätter und Äpfel, die durch den Regen von den Bäumen heruntergerissen wurden. Es war alles ruhig und friedlich. Der Boden dampfte sogar noch, der Platzregen hatte gerade erst aufgehört. Der Himmel war noch dunkelblau bis grau, weil die Wolken durch das wieder hervortretende Sonnenlicht dunkler erschienen als sie tatsächlich waren. Im Gras spiegelte sich das Sonnenlicht teilweise in den Regentropfen auf den kurz geschnittenen Grashalmen. Es erschien sogar ein Regenbogen über der Wiese, als gerade der letzte Nieselregen auf den Boden fiel. Da wusste ich intuitiv, sie wollte gehen und war auch nun bereit zu gehen. Denn in den Gesprächen davor wollte sie das nicht. Sie wollte immer noch bleiben. Trotz der Schmerzen und Gebrechen, die sie hatte. Als ich das Gespräch hinterher für meine Freundin in den Computer tippte, fiel mir auf, dass die Bilder mit der Wiese genau mit den Bildern von meinem Kater übereinstimmten. Er hatte damals genau dasselbe erzählt. Nur, dass er zu diesem Zeitpunkt schon dort gewesen war, als ich ihn besuchte und mit ihm sprach. Das hat mich sehr fasziniert. Es gibt auf jeden Fall etwas zwischen Himmel und Erde, dass man sich so nicht vorstellen kann, wenn man es nicht selbst gesehen hat.

VERSTORBENE TIERE

Für die Kontaktaufnahme bei bereits verstorbenen Tieren gibt es eine bestimmte Übung, wie man über die „Regenbogenbrücke" zu den Tieren kommt und sich dann mit seinem Tier unterhalten und es sehen kann. Unser damals schon 17-jähriger Kater wurde vor fünf Jahren direkt vor meiner Wohnung von zwei Hunden totgebissen, die sich von der Halterin losgerissen hatten und ihr durchgegangen waren. Das Problem war schon länger im Ort bekannt. Der Kater konnte sich nicht mehr schnell genug in Sicherheit bringen, weil er nicht mehr der Schnellste war und es nicht mehr rechtzeitig unter ein in der Straße geparktes Auto schaffte. Er hatte auch nie richtig Angst vor Hunden gehabt, weil er Onyx schon kannte, als der noch ein Welpe war. Onyx hat ihm nie etwas getan. Der Kater spielte sogar mit ihm und ging mit ihm spazieren.

Und dann erkannte ich die ältere Frau,
die ihn auf dem Arm hielt und streichelte.

Das Schlimmste aber daran war, dass ich zu dem Zeitpunkt gerade den zweiten Tag im Urlaub war und dann davon erfuhr. Sowas ist absolut schrecklich. Noch schlimmer war nur noch, als ich ihn beim Tierarzt abholen musste. Da wünsche ich mir mehr Sensibilität auch von Tierärzten und deren Personal. Ich bekam ihn in einem Pappkarton zurück auf dem in großen roten Buchstaben „Eilige Arzneimittel!!!" stand. Und ich ging dann heulend durchs Wartezimmer und danach über den Parkplatz zum Auto. Nachdem ein paar Tage vergangen waren, nahm ich Kontakt zu ihm auf. Es war schön und traurig zugleich. Er sagte, es ginge ihm gut und er hätte keine Schmerzen gehabt und auch jetzt keine Schmerzen mehr. Meine Mutter bestätigte es, dass sie ihm vorher noch sein Schmerzmittel gegeben hatte und er dann raus wollte. Er erzählte mir, nun würde meine Oma auf ihn aufpassen und ihn immer füttern und streicheln. Und dann erkannte ich die ältere Frau, die ihn auf dem Arm hielt und streichelte. Es war meine bereits vor über dreißig Jahren verstorbene Oma. Die beiden hatten sich zu ihren jeweiligen Lebzeiten also nie gesehen, aber nun weiß ich, dass es beiden gut geht. Deswegen glaube ich auch nicht, dass Tiere ausschließlich nur über die „Regenbogenbrücke" gehen und Menschen ausschließlich nur „im Himmel" sind. Ich gehe davon aus, dass sie sich, beziehungsweise ihre Seelen, alle am selben Ort treffen. Immer, wenn ich meine

Reisen ins Regenbogenland gemacht habe, habe ich auch Menschen gesehen, die schon längst verstorben waren.

Andererseits kann es leider auch passieren, dass man verstorbene Tiere nicht mehr erreicht und kein Kontakt mehr zustande kommt. Entweder, weil sie schon eine neue Aufgabe bekommen haben oder nicht mehr zu einem Kontakt bereit sind. Andere Tiere wiederum brauchen noch Zeit, um „dort" anzukommen, wo sie dann sind. So kann es sein, dass man einige Tiere erst nach einem halben Jahr erreicht oder sogar noch später. Wieder andere sogar schon nach einem Tag und manche Tiere verstehen überhaupt nicht, dass sie bereits gestorben sind. Egal, wie es ist. Wir müssen dies als Mensch akzeptieren. Meine persönliche Erfahrung ist, dass sich die Tiere jedes Mal gefreut haben, wenn ich Kontakt zu ihnen aufgenommen habe und mir immer geantwortet haben. Und dabei war es egal, seit wann deren irdisches Leben beendet war.

Rex, mein verstorbener Kater

SIND TIERE TELEPATHISCH IMMER ERREICHBAR?

Ja, das sind sie. Der Zeitpunkt, bzw. die Uhrzeit ist völlig egal. Es kann aber natürlich sein, dass sie nicht antworten, falls sie gerade beschäftigt sind, weil sie gerade fressen, mit ihrem Menschen draußen sind, spielen oder gerade durch etwas anderes abgelenkt sind. Da sind sie genauso wie wir. Wir möchten das dann auch nicht, dass uns jemand anquatscht. Deswegen frage ich vorher immer höflich um Erlaubnis, ob ich das Gespräch führen darf und erfrage vorher die Zeiten, in denen ich das Tier am besten erreichen kann, weil es zu einer bestimmten Uhrzeit schläft oder im Stall ist. Freigänger werde ich nachts nicht erreichen, weil sie beschäftigt sind. Das mache ich dann tagsüber, wenn ich weiß, dass sie zuhause sind. Und Wohnungskatzen erreiche ich am besten nachts, wenn alle im Haus schlafen. Bei Hunden kommt es auch immer darauf an, ob sie in der Wohnung sind oder draußen im Zwinger.

Da ich ein Nachtmensch bin, führe ich meine Gespräche immer nur nachts, außer bei den gerade genannten Ausnahmen. Dann werde ich selbst auch nicht gestört und kann mir sicher sein, dass mein Gesprächspartner entspannt im Stall steht oder liegt, in seinem Katzenkörbchen liegt oder in seinem Hundekorb oder Hundehütte liegt oder auf seiner Stange im Käfig sitzt. Tiere können natürlich auch kommunizieren, während sie schlafen. Das klappt sogar noch besser, weil sie entspannt und ungestört sind. Tiere können sogar mit vielen Menschen gleichzeitig kommunizieren. Das konnten wir in unseren Übungsstunden in der Ausbildungsgruppe immer feststellen. Im Kern waren die Aussagen zwar gleich, aber manchen Teilnehmern hatte das Tier dann auch Sachen erzählt, die es einem anderen Teilnehmer nicht erzählt hatte.

KANN MAN MIT ALLEN TIEREN KOMMUNIZIEREN?

Viele denken bei Tierkommunikation oder Tierflüsterern immer, dass es nur mit Hunden, Katzen und Pferden funktioniert und andere Tiere dies gar nicht könnten. Das stimmt nicht. Es funktioniert mit allen Tieren auf der Welt, vorausgesetzt natürlich, dass das Tier den Kontakt ebenfalls möchte und wir bei uns fremden Tieren die Erlaubnis des Besitzers eingeholt haben.

Bei mir sind alle Tiere herzlich willkommen. Ich würde nie auf die Idee kommen, ein Gespräch mit einem Tier abzulehnen. Mir ist es egal, wie viele Beine, Hufe, Pfoten oder Flossen mein Gesprächspartner hat, ob es giftig ist oder nicht, sich häutet und so weiter. Mein Herzenswunsch ist es, Tieren auf vielen verschiedenen Wegen helfen zu können.

HÖRT MAN DANN AUCH UNTERSCHIEDLICHE TIERSTIMMEN?

Ja, bei mir ist es tatsächlich so. Jedes Tier hat seine eigene unverkennbar entweder weibliche, männliche oder kindliche Stimme. Diese Stimme passt genau zu deren Charakter, wie mir die Besitzer immer bestätigen, wenn ich darüber erzähle.

Tipsi, die Katze, die bereits 18 Jahre alt war, hörte sich an wie eine ältere und sehr kluge vornehme Dame, die mir freundlich und weise meine Fragen beantwortet. Wenn sie aber nicht so gut gelaunt war, konnten die Antworten auch mal sehr kurz angebunden und fast ruppig sein.

Onyx, der nun bereits elfjährige Schäferhund dagegen, poltert mit seiner forschen Stimme direkt los. Wenn ich ihn höre, denke ich immer an meinen Schuldirektor aus der Grundschule, der immer so streng über seine kleine Brille schaute, wenn er versuchte, mir Mathematik beizubringen und schimpfte. Als ich seine Stimme das erste Mal hörte, erschrak ich sogar. Darauf war ich nicht vorbereitet.

Ein Wellensittich, der seinem Frauchen durch das Küchenfenster entwischt war, war so aufgeregt vor Freude über seine plötzliche Freiheit, dass er kaum sprechen konnte und ganz aufgeregt und ohne Punkt und Komma plapperte.

Auch bei jungen Tierkindern höre ich einen Unterschied. Wenn ich mit einem Hundewelpen spreche, hat er tatsächlich eine Kinderstimme und gibt ganz andere Antworten und hat auch teilweise ganz andere Ansichten von uns als die erwachsenen Tiere. Und die wichtigste Person in seinem Leben ist immer seine Tier-Mami. Diese vermissen sie noch eine ganze Weile, wenn sie bei uns Menschen sind und teilweise sind sie noch längere Zeit traurig. Auch, weil ihnen die

46

vertrauten Geschwister fehlen. Es ist eine Umstellung für sie, die man nicht unterschätzen sollte.

WAS KÖNNEN TIERE ALLES? WELCHE FÄHIGKEITEN HABEN SIE?

Aber es gibt noch viel mehr, was Tiere können. Tiere sprechen nicht nur mit und zu uns, sie können noch andere erstaunliche Dinge. Sie verstehen sowieso jedes Wort, was wir sagen und lesen parallel dazu unsere Gedanken. Vorausgesetzt, wie schon erwähnt, dass wir keinen Stress, und Hektik haben und wir im Hier und Jetzt sind. Dass das so ist, weiß jeder Katzen- und Hundebesitzer, wenn er auch nur daran denkt, jetzt aufzustehen, um an den Kühlschrank zu gehen. Die Tiere sind meistens zuerst da. Wenn ich Onyx den Gedanken in den Garten schicke oder in die Wohnung unter mir, dass ich jetzt mit ihm rausgehe, fängt er sofort an, sich zu freuen und zu bellen. Da habe ich weder den Computer runtergefahren, mich bewegt, noch hat er mich gesehen.

Probleme in der Kommunikation gibt es bei Tieren erst dann, wenn unsere Gedanken und unser Handeln auseinanderfallen. Tiere halten sich immer an die Bilder und Gedanken, die wir ihnen schicken oder im Kopf haben, weil sie wissen, dass wir oft etwas sagen, uns aber genau dann etwas anderes vorstellen. Die gesprochenen Worte sind für sie nicht so wichtig. Wenn du deinen Hund rufst, er soll zu dir kommen, aber du stellst dir gerade in Gedanken vor, wie er sowieso nicht kommt und nicht auf dich hört, dann wird er auch nicht kommen. Und er hat sogar Recht. Er hat deinen Gedanken gelesen. Du wolltest nicht, dass er kommt, obwohl du etwas anderes gesagt hast. Und wenn du ihn dann für sein richtiges Verhalten schimpfst, dass er doch gar nicht kommen soll, versteht er die Welt nicht mehr.

Wenn du deine Katze schimpfst, weil sie deine Möbel zerkratzt und du dabei dauernd nur an die zerstörten Möbel denkst und wie sie deine Katze gerade zerstört, wird deine Katze nicht damit aufhören. Denn du sendest ihr in dem Moment doch, dass sie kratzen soll. Sie versteht dann nicht, dass du noch mehr schimpfst, obwohl sie doch deinen Gedanken gerade ausführt und befolgt.

SELBSTBEWUSSTSEIN

Tiere haben auf jeden Fall Selbstbewusstsein. Sie sind sich ihrer Selbst bewusst. Ich finde es nicht mehr zeitgemäß, dass sie das von vielen Wissenschaftlern und Forschern immer noch abgesprochen bekommen und diese das dann mit Instinkt oder Reflex erklären, obwohl schon genug Untersuchungen genau das Gegenteil bei mehreren Tierarten bewiesen haben. Wer sich länger und intensiv mit Tieren beschäftigt und sie nicht als Sache oder Befehlsempfänger behandelt und sieht, wird das sowieso schon längst erkannt haben. Sie entscheiden sogar selbst, ob sie mit uns sprechen wollen oder nicht, oder ob es überhaupt Sinn macht, mit uns zu kommunizieren.

Pferde arbeiten manchmal bewusst gegen Befehle von Menschen, damit der Mensch überhaupt erst versteht, dass hier etwas in der Kommunikation falsch läuft. Bei Tipsi war es so, dass sie selbst die Termine für ein Gespräch mit mir vergab. Wenn ich ohne Termin ein Gespräch mit ihr führen wollte, bekam ich keine Verbindung. Wenn Uli ihr das aber an dem Abend vorher sagte und mich quasi „angemeldet" hatte, dass ich mit ihr sprechen wollte, war es kein Problem. Auch hat sie oft schon im Vorfeld entschieden, dass sie wieder mit mir kommunizieren wollte. Uli sagte dann immer, wenn ich bei ihr zu Hause gewesen bin, hätte Tipsi abwechselnd immer mich und sie angeschaut. Dann ist sie sogar auf meinen Schoß geklettert, was sie sonst nie gemacht hat und hat dann wieder abwechselnd sie und mich angesehen. Das ging dann so lange, bis ich gefragt habe: „Willst du wieder mit mir sprechen?" Dann schnurrte sie immer ganz kurz, dass es sich fast wie ein Seufzen angehört hatte. So nach dem Motto: „Jetzt hat sie es endlich kapiert!".

EMPATHIE UND EINFÜHLUNGSVERMÖGEN

Empathie bezeichnet lt. Wikipedia, die Fähigkeit und Bereitschaft, Empfindungen, Emotionen, Gedanken, Motive und Persönlichkeitsmerkmale einer anderen Person zu erkennen, zu verstehen und nachzuempfinden. Ein damit korrespondierender allgemeinsprachlicher Begriff ist Einfühlungsvermögen. Dein Tier merkt also sofort, wenn es dir nicht gut geht und versucht, dich zu trösten.

Meistens ist das dann genau der Moment, in dem wir Tiere aber wegschicken, weil wir jetzt gerade unsere Ruhe wollen. Dann verstehen sie die Welt gar nicht mehr. Wenn du gut gelaunt und glücklich bist, merkt das dein Tier ebenso sofort. Es fühlt sich auch total glücklich und genießt die Zeit umso mehr mit dir. Selbst wenn du nur so tust, als wärest du gerade glücklich und gut drauf, merkt dein Tier sofort, dass das nicht stimmt. Man kann sich bei Tieren nicht verstellen. Sie merken alles. Sie wissen, wie du gerade drauf bist, ob du gerade Sorgen hast, dich auf der Arbeit geärgert hast und so weiter. Gerade deshalb suchen sie unsere Nähe, um uns wieder auf bessere und gute Gedanken zu bringen. Schick dein Tier dann bitte nicht mehr weg, sondern lass dich auf es ein. Dir wird es danach besser gehen.

In der Vielfalt der Schöpfung nehmen Tiere einen besonderen Platz ein. Sie sind nicht nur faszinierend anzusehen, sondern auch wundervolle Wesen, die unsere Welt auf einzigartige Weise bereichern. Von majestätischen Elefanten bis hin zu winzigen Bienen – jede Tierart trägt zur beeindruckenden Vielfalt des Lebens auf unserem Planeten bei. Tiere sind nicht nur einfach Instinkt und Überlebenskünstler; sie zeigen uns auch auf eindrucksvolle Weise, was es bedeutet, bedingungslose Liebe und Loyalität zu empfinden. Viele Haustiere begleiten uns durch verschiedene Lebensabschnitte und schenken uns Trost, Freude und Verbundenheit. Ihre Fähigkeit, menschliche Emotionen zu erkennen und darauf zu reagieren, ist bemerkenswert und stärkt die Bindung zwischen Mensch und Tier. Tiere lehren uns auch wichtige Lebenslektionen, wie Ausdauer, Geduld und Teamarbeit. Es ist wichtig, dass wir Tiere mit Respekt und Mitgefühl behandeln. Wir teilen diesen Planeten mit ihnen, und es liegt in unserer Verantwortung, für ihr Wohlergehen zu sorgen. Wir sollten uns glücklich schätzen, diese erstaunlichen Wesen an unserer Seite zu haben, denn sie machen unsere Welt zu einem noch faszinierenderen Ort.

Wenn ich diesem Buch das Wort „Respekt" benutze, meine ich **NICHT** diese Definition:

> Vor jemandem aufgrund seiner höheren, übergeordneten Stellung empfundene Angst, die sich in dem Bemühen äußert, kein Missfallen zu erregen.

Ich meine folgende Definition von „Respekt":

> Für mich ist es Anerkennung, Wertschätzung und Hochachtung gegenüber Tieren sowie ihren Ansichten, Gefühlen und Freiräumen. Es zeigt sich stets durch mein ruhiges, freundliches und höfliches Verhalten. Respekt beinhaltet für mich ebenfalls das Akzeptieren unterschiedlicher Standpunkte, Zuhören und Empathie. Und das Wichtigste: Es ist eine Begegnung auf Augenhöhe. Ich habe keine Vorurteile aufgrund von Alter, Aussehen, Verhalten und der Rasse der Tiere. Sie haben einen freien Willen, den ich akzeptiere.

GEFÜHLE

Manche Menschen sagen gern im Spaß zum Beispiel „Du dummer Hund" oder „Blöder Köter" oder benutzen andere schlimme Schimpfwörter wie bei sehr kleinen Hunden oft „Trethupe". Oder auch andersherum sagen sie „guter Hund" oder „fein!", obwohl es im Grunde genommen ironisch, ernst oder gar böse gemeint ist. Nicht alle Tiere verstehen es in dem Moment immer korrekt, dass der Mensch das gerade vielleicht gar nicht negativ meint oder aus Gedankenlosigkeit oder aus einer Angewohnheit heraus zu ihnen sagt. Tiere kennen auch keine Ironie und keinen Zynismus. Das gibt es in ihrer Sprache nicht. Sie wissen aber dafür sehr genau, was „dumm" bedeutet und was Schimpfwörter und Beleidigungen sind. Manche Tiere, die nicht so ein starkes Selbstbewusstsein haben und eher ängstlich oder schüchtern sind, kann das sehr kränken und verletzen. Dann fühlen sie sich schlecht, nicht mehr geliebt oder nicht mehr gut genug. Wenn man ganz genau hinsieht, sieht man es sogar an ihrem Blick und Gesichtsausdruck, wenn sie das trifft.

Ich habe vor Jahren von einer Tierkommunikation im Zusammenhang mit einem schwarzen Panther aus einem Tierreservat gelesen, der sich aufführte wie ein Teufel, weil sie ihn deswegen ironischerweise Diabolo (Teufel) genannt hatten. Eine Tierkommunikatorin konnte helfen, weil die Menschen nicht mehr weiterkamen. Der Panther wurde aus freier Wildbahn (aus seinem Revier) eingefangen, war darüber natürlich nicht erfreut und äußerst aggressiv, weil er natürlich seine Freiheit wiederhaben wollte. Dann tauften sie ihn Diabolo und es wurde noch schlimmer mit ihm, so dass sich keiner mehr auch nur in die Nähe des Käfigs traute. Der Panther erzählte der Tierkommunikatorin, dass er Diabolo genannt wurde und dann benahm er sich eben auch so. Es war scheinbar so gewünscht von den Menschen. Die Tierkommunikatorin sollte ihm eigentlich erklären, dass er nur in ein anderes Revier gebracht werden sollte, aber man ihn unter diesen Umständen noch nicht einmal verladen konnte, weil alle Angst vor ihm hatten. Der Panther stellte dann die Bedingung, dass er nicht mehr Diabolo genannt werden wollte und sich dann ohne Probleme verladen ließe. Ich meine mich zu erinnern, dass er sich selbst auch einen anderen Namen ausgesucht hatte, wie er angesprochen werden wollte. Genauso geschah es dann auch und der Panther konnte ohne Probleme umgesiedelt werden. Manchmal muss sich eben der Mensch zuerst ändern, damit sich das Tier ändern kann.

Aber es muss nicht immer so ein krasses Beispiel sein mit einem Wildtier. Auch Haustiere können Gefühle zeigen. Wenn Onyx meine kleine Nichte aus Versehen umrennt in der Wohnung oder beim Spielen, weil er es eilig hat oder sich ihre Wege unglücklich im Flur kreuzen, dann hebe ich zuerst meine Nichte wieder auf, tröste sie und sage dann ganz ruhig und freundlich zu ihr „Herrje, war das der Onyx?". Dann kommt Onyx auch schon wieder zurück und entschuldigt sich bei ihr und gibt ihr ein Küsschen an ihr Ohr, bis sie dann wieder lacht, weil es kitzelt.

Ich käme nie auf die Idee, ihn dafür zu beschimpfen oder anzuschreien, weil ich in dem Moment schon spüre und sehe, dass es ihm leidtut. Er hat es nicht mit Absicht getan.

KOMPROMISSE EINGEHEN, DINGE ABWÄGEN, SCHLUSSFOLGERN

Tiere können nicht nur Bedingungen stellen, sondern auch Kompromisse eingehen, Möglichkeiten gegeneinander abwägen und daraus schlussfolgern und eine Entscheidung oder Wahl treffen.

Als ich diesen Absatz hier geschrieben habe und genau diese Zeilen schrieb, fragte mich meine beste Freundin per SMS, was sie tun solle. Ich hatte vor zwei Tagen nachts mit Tipsi gesprochen und sie erzählte mir, dass sie Schmerzen im Rücken und der Hüfte hatte. Ich antwortete ihr, dass sie dann doch bitte ihre Globuli und Tabletten nehmen sollte, die ihr die Tierärztin verschrieben hatte. Uli schrieb mir aber direkt nach dem Gespräch, dass sie die trotzdem nicht nehmen wollte. Dann antwortete ich ihr: „Dann sag es ihr jetzt noch mal. Ich habe es ihr auch schon gesagt." Da Uli und Tipsi fast von Anfang an dabei und eingeweiht waren in meine Ausbildung, die ich erst verheimlicht hatte, hatte sie auch keinerlei Berührungsängste mit der Tierkommunikation und wir haben schon alle Übungen und Aufgaben zusammen absolviert. Während Madame dann also den Türgriff anstarrte und raus wollte, erklärte ihr meine Freundin noch einmal ganz ruhig und freundlich, dass sie bitte ihre Globuli und ihre Medikamente nehmen solle, die sie schon in der Hand bereithielt. Die Antwort der Katze war, sich demonstrativ wegzudrehen. Meine Freundin versprach ihr dann ebenfalls freundlich, dass sie ihr die Türe sofort öffnen würde, wenn sie die Medizin einnehmen würde. Das gefiel der Katze dann überhaupt nicht.

Mensch glücklich,
Katze glücklich.

Sie ging dann ein Stück weiter weg von der Tür und wollte erst wieder beleidigt in ihr Körbchen zurück, weil sie ihren Willen nicht bekam. Dann blieb sie tatsächlich stehen, überlegte kurz, dass man ihr das sogar wohl ansah, und kam zurück zu ihr. Als sie dann alle Finger mit der Paste abgeschleckt hatte und die Globuli genommen hatte, öffnete sich auch die Tür. Mensch glücklich, Katze glücklich.

EINSICHT UND VERSTÄNDNIS

Als im letzten Herbst die Äpfel alle nach und nach vom Baum fielen, kamen die Vögel zu mir und ließen sich im Garten nieder. Ich lasse immer Äpfel für die Tiere liegen. Onyx überwacht und regelt manchmal sehr genau und sehr streng den Flugverkehr über unserem Garten. Es ist schließlich auch seine Aufgabe als Schäferhund, auf alles aufzupassen und für Ordnung zu sorgen. Aber manchmal ist er dann von dem Treiben so sehr genervt, dass er einfach irgendwann jeden Vogel anbellt, der entweder im Baum oder auf der Wiese sitzt. Ich höre das von meinem Büro oben in der Wohnung aus und gehe dann zum Küchenfenster. Von dort aus kann ich den gesamten Garten überblicken und sehe sein Problem und seine Not sofort. Da die Vögel nun aber unschuldig waren, und sich nur ihre Nahrung gesucht haben, habe ich die Vögel vor einem weitaus größeren Tier in Schutz genommen. Wenn ein Tier sich aber gerade maßlos über etwas ärgert, aufregt, abgelenkt ist oder in Angst und Panik ist, kann es nichts empfangen, was der Mensch sendet.

Ich muss dann erst kurz pfeifen oder ihn direkt mit seinem Namen ansprechen, damit er mir überhaupt erst zuhört und wir Kontakt bekommen. Direkt wie immer, macht er dann erstmal seinem Ärger Luft. „Diese blöde Amsel fliegt einfach nicht weg, obwohl ich sie die ganze Zeit anbelle. Das geht gar nicht. Vögel sind doof!". Er kam auch nicht an sie dran, weil er in seinem umzäunten Bereich war. Ich erklärte ihm dann ganz freundlich, dass die Amsel Hunger hatte und hier nach Essbarem suchte. Ich habe es ihr erlaubt, hier im Garten landen zu dürfen. Das verstand er dann und lenkte ein. Die Amsel flog auch nicht weg, während ich mit Onyx gesprochen hatte. Sie wusste, dass es um sie ging. Nach fünf Minuten bellte er wieder. Ich ging wieder zum Fenster hin, sah, dass sich ein weiterer Vogel dazu gesellt hatte, pfiff dann kurz, damit ich wieder seine ungeteilte Aufmerksamkeit hatte und teilte ihm wieder ganz freundlich und ruhig mit, dass das vorher Gesagte natürlich auch für Spatzen gelte. Diese haben ebenfalls meine Landeerlaubnis bekommen, um sich Futter zu holen. Ich machte sogar noch schnell ein Foto, wie er den kleinen Spatz noch eine Weile von hinten ansah, dann aber wegging. So, als wollte er sich vergewissern, ob es auch stimmte, was ich ihm erzählt hatte.

rechts: Foto aus dem Herbst 2021. Onyx mit Amsel und Spatz

Auf dem Foto sieht man leider den Spatz nicht, zu dem er gerade hinsieht, aber die Amsel sitzt weiter rechts noch im Gras und lässt sich nicht stören, weil sie die Lande-erlaubnis bekommen hat.

Genau an diesem Tag hatte ich mich mit meiner Schwester abgesprochen, dass ich mit Onyx rausgehen wollte, weil sie einen Termin hatte. Ich ging dann mit ihm ins Feld. Am Rand des Neubaugebietes liegt ein Grundstück, dass zur Feldwegseite hin als Sichtschutz einen rie-sigen Busch direkt am Gartenzaun stehen hat. Von weitem konnte man schon hören, dass sich dort sehr sehr viele Spatzen versammelt hatten und ordentlich Krach machten. Ich blieb dann mit Onyx vor dem Busch stehen. Ich merkte schon, wie er sich anspannte und sich wieder ärgerte über das Gewusel und er gern dort Ordnung machen wollte. Ich sagte

links: Foto aus dem Herbst 2022. Onyx mit Els-ter, Elster mit Landeerlaubnis.

dann zu ihm: „Siehst du, hier sind ganz viele Spatzen in dem Busch. Die suchen sich auch wieder etwas zu essen. Dort hängt ein Vogelhaus." Er war dann doch sehr interessiert, ging sogar näher an den Zaun und ich wartete, bis er sich alles fertig angesehen hatte und sich sein eigenes Bild gemacht hatte. An diesem Hund fasziniert mich immer, dass er meine Aussagen selbst erst gegenprüft, ob es tatsächlich stimmt, was ich sage. Er will sich immer erst selbst ein eigenes Bild über eine Situation machen. Während Tipsi hingegen dann öfter sagte: „Wenn du meinst.", und das von mir Gesagte dann einfach so übernahm.

Ebenso passiert es mir öfter, dass uns andere, vor allem kleinere Hunde, anbellen, obwohl wir friedlich des Weges gehen. Ich höre dann ganz oft: „Mein Hund hat Angst vor Schäferhunden" oder „Ich möchte nicht, dass mein Hund mit einem Schäferhund spielt. Er wurde bereits von einem Schäferhund gebissen." Ich verstehe das, aber Onyx nicht immer. Er will dann immer gerade genau zu den Tieren hingehen, die ihn am meisten anbellen, um ihnen zu erklären, dass er selbst friedlich ist und ihnen nichts tut. Leider verstehen das die Menschen dann nicht. Und die bellenden Hunde verstehen es in dem Moment auch nicht, weil sie selbst gerade viel zu aufgeregt sind. Nur wenn alle Beteiligten ruhig und entspannt sind, kann echte Kommunikation stattfinden.

Onyx sieht mich dann immer fragend an und versteht deren Reaktion nicht. Ich sage dann immer zu ihm: „Du kannst leider nicht allen helfen. Nur denen, die es auch wollen." Manchmal bleibt er noch eine Weile stehen oder dreht sich beim Weitergehen immer wieder um und schaut den anderen Hunden hinterher, weil er es nicht fassen kann, wie man sich so unfreundlich ihm gegenüber benehmen kann. Aber zum Glück gibt es auch positive Beispiele.

Die Menschen und Tiere, die sich auf eine Kommunikation mit uns beiden einlassen, stellen dann schnell fest, dass es überhaupt kein „böser Schäferhund" ist. Es kommt auch vor, dass Onyx kleineren Hunden sogar sein Spielzeug von sich aus anbietet. Mit gleich großen und größeren Hunden würde er das nie tun und zeigt das auch ganz deutlich, dass es sich hier um sein persönliches Eigentum handelt.

MOBBING UNTER ARTGENOSSEN

Hier muss ich offen gestehen, war ich etwas geschockt, als ichbegriffen habe, was mir das Pferd da gerade berichtet hatte. Es gibt sicherlich Einzelgänger in einer Pferdeherde. Die gehen als letzte aus dem Stall raus, als letzte wieder rein, stehen alleine in einer Ecke der Wiese und wollen einfach nur ihre Ruhe haben und keinen Kontakt zu anderen Artgenossen haben. Das ist völlig normal. Es ist die Persönlichkeit des Tieres.

Bei diesem Pferd hier war es genau andersrum. Das Pferd suchte sogar selbst den Kontakt zu seinen Artgenossen auf der Weide, wurde aber immer wieder von allen abgewiesen, getreten und gebissen. Es erzählte mir, die anderen Pferde machten sich lustig, weil es so hässlich aussehen würde und sie würden ihn sogar auslachen! Es hatte einen so genannten Axthieb. Axthieb wird eine Einkerbung am Übergang vom Hals zum Widerrist bei Pferden bezeichnet. Das kann einerseits rassebedingt sein, aber auch ein Belastungsfehler sein. Aber das ist nicht meine Aufgabe, dies zu beurteilen. Weiter sagten die anderen Pferde noch zu dem Pferd, sein Bein sei schief und komisch. Mir selbst fiel das auf dem Foto erst gar nicht auf, aber sie hatten Recht. So litt das Pferd ganz enorm unter der Ausgrenzung, Abgrenzung und den Anfeindungen seiner Artgenossen. Und zwar mit denselben Symptomen wie Menschen auch, die unter Mobbing leiden müssen. Mit Selbstzweifeln, Selbstaufgabe, Konzentrationsstörungen, Depressionen, Kopfschmerzen, Herzschmerzen und Atemnot.

Das Pferd wurde nur noch in der Halle geritten und musste immer über dieselben Hindernisse springen. Es fand das so schrecklich langweilig, dass er dabei immer mehr Fehler machte und es ihn zu Tode langweilte und fing teilweise noch an zu stolpern, weil er sich nicht mehr konzentrieren konnte, was dann die Sache nun wirklich sehr gefährlich für den Reiter machte. Er hatte Kopf- und Rückenschmerzen, weil er nicht mehr im freien Gelände galoppieren durfte und sich mal wieder richtig strecken, bewegen und austoben konnte. Das fehlte ihm so sehr. Der Tierarzt wollte sogar schon ein Herzmittel verschreiben. Aber das Pferd hatte mir bereits vorher erzählt, dass die Herzschmerzen und die Atemnot an seinem gebrochenen Herz lägen. Der Tierarzt konnte dann auch nichts finden. Herz und Lunge waren zumindest organisch in Ordnung, aber nicht seelisch.

Leider bekam ich zu diesem Zeitpunkt keine Rückmeldung des Besitzers mehr, ob ich noch irgendwie hätte helfen sollen oder ob ich zu dem Pferd persönlich hinfahren sollte, um mir das alles anzuschauen. Ich kannte es ja nur vom Foto her. Der Besitzer zweifelte leider alles an, was das Pferd mir erzählt hatte und änderte nichts. Aber mir wurde ein paar Monate später berichtet, dass es dem Pferd jetzt gut gehe und durch einen Umzug aus der Herde rausgenommen wurde. Die neue Besitzerin hatte mein Gesprächsprotokoll mit dem Pferd selbst gelesen und konnte dann tatsächlich feststellen, dass es ihm von Tag zu Tag besser ging in der neuen Umgebung. Jetzt geht es ihm wieder blendend und er gehört zur neuen Gruppe dazu und hat sich wunderbar integriert.

IN DIE ZUKUNFT SEHEN

Ich hatte weiter vorne das Beispiel mit dem Stallwechsel der beiden Pferde erwähnt. Die Pferde erahnten die Schwierigkeiten, die sich in den Wochen danach zeigen würden. Die Freundin der Tierbesitzerin, die sich dennoch für den anderen Stall entschieden hatte, berichtete dann ein paar Wochen später von den Problemen, die sich dann in diesem Stall offenbarten. Ich bin überzeugt davon, dass die Tiere in die Zukunft sehen können, weil sie mit allem verbunden sind.

RATGEBER

Tiere sind auch perfekte Ratgeber. Am Anfang habe ich die Tiere immer gefragt, was kann ich besser machen, worauf soll ich achten bei meinen tierischen Gesprächen? Tipsi sagte: „Du musst an dich glauben. Vertraue dir. Du wirst schon sehen, dass das geht. Du musst ganz viel üben. Dann wird es immer besser!" Danach habe ich Onyx gefragt. Der brachte es wie immer direkt auf den Punkt: „Üben!" Danke. Wenn ich also einen langen und ausführlichen Ratschlag haben möchte, frage ich die Katze. Brauche ich einen kurzen und knappen Ratschlag, befrage ich den Hund dazu.

SICH ERINNERN

Tiere können sich auch an Dinge erinnern. Ich hatte mich neulich mit Onyx unterhalten, als klar war, dass ich das Buch hier schreiben würde und dass ich ihm so dankbar bin für das, was er mich alles gelehrt hat. Ich hatte dann von meinen ersten Gesprächsversuchen mit ihm erzählt und dass es anfangs immer sehr holprig mit uns war. Ja, er weiß das noch alles und fängt dann an zu lachen. Meine innere Stimme musste dann auch lachen. Er weiß, dass ich dies hier über ihn schreibe und das macht ihn richtig stolz. Er erinnert sich sogar noch an die Gespräche mit den anderen Kursteilnehmern, weil wir unsere „Übungstiere" dann auch untereinander ausgetauscht haben, um auch mit den für uns fremden Tieren der anderen Kursteilnehmer zu üben, um zu testen, ob das auch wirklich alles funktioniert. Er war am Anfang etwas verwirrt, weil dauernd so komische Menschen telepathisch Kontakt zu ihm aufnahmen und ihn immer dieselben Sachen fragten und dann auch noch immer zu komischen Uhrzeiten. Aber er erzählte fast allen dasselbe. Kurz und knapp in seiner charmanten Schäferhund-Art, wie die Kursteilnehmer das dann auch alle feststellen konnten. „Der Oberlehrer", wie sie ihn nannten.

ZEITEMPFINDEN VON TIEREN

Bei Tipsi wusste ich ganz genau, dass sie von ihrer Wohnung aus ins Treppenhaus geht und sich an das große Fenster mit Blick auf die Straße setzt, wenn sie weiß, dass sich meine Freundin nach Feierabend auf den Heimweg macht. Sie wusste, dass es Montag bis Donnerstag immer kurz nach 16 Uhr ist und freitags 12.30 Uhr.

Wenn ich zu Onyx sage, wir gehen um 15.00 Uhr raus, weiß ich, dass er sich um 15.00 Uhr irgendwo bemerkbar macht. Entweder draußen im Garten oder unten in der Wohnung. Falls ich noch unterwegs bin und mich verspäte, schicke ich ihm eine kurze Info, dass ich mich verspäte, aber in ca. 10 Minuten da bin. Dann ist das okay für ihn. Ich habe ihm einen Plan gegeben.

Wenn ich am Küchentisch bei meinen Eltern saß und mein Kater sich auf die Tageszeitung legte, weil er meine Aufmerksamkeit haben wollte, bat ich ihn, in

15 Minuten noch einmal wieder zu kommen. Dann hatte ich Zeit und war fertig mit lesen. Das funktionierte.

Wenn meine Schwester mal länger weg ist, erkläre ich ihm ebenfalls, in wieviel Tagen sie wieder da ist und er sich keine Sorgen zu machen braucht, da ich für ihn sorge.

Auch in vielen Tiergesprächen hat sich das schon bestätigt und meine Kunden haben dies ebenfalls schon bestätigt. Hunde und Katzen sagen ganz oft: „Ich kann doch die Uhr! Warum sagt sie nicht, wann sie wiederkommt?" Oder: „Ich kann doch den Kalender!"

Auch Tiere wollen einen Plan, können die Uhr und den Kalender lesen.

Mit Tieren kann man auch über „Gott und die Welt" reden. Es ist unglaublich, was sie für ein Wissen haben und wie sie die Welt sehen und wie sie sein sollte. Sie können auch sich selbst und ihren eigenen Charakter beschreiben und natürlich auch ihre tierischen Freunde und ob sie diese mögen oder nicht und wer ihnen total auf den Hundekeks geht und können das sogar begründen.

Manche Tiere haben sogar Aufgaben von „da oben" mit auf die Welt bekommen, die sie für ihre Menschen hier erledigen sollen und ihnen etwas Bestimmtes vermitteln sollen. Man sagt, dass jeder das Tier bekommt, das er braucht, um sich im Leben weiterzuentwickeln. Das kann ich auf jeden Fall bestätigen. Von Onyx weiß ich auch genau, welche Menschen er mag und nicht mag. Das kommt daher, weil diese Menschen nicht authentisch sind. Sie geben etwas vor zu sein, was sie aber nicht sind. Und er durchschaut das sofort und ich spüre das sowieso durch meine Intuition. Auch bei seinen Artgenossen weiß er das ganz genau, wer sich authentisch verhält und wer nicht. Wenn zum Beispiel ein Hund vorbeikommt und so tut, als wäre er der Chef hier im Revier und sich „aufbläst", bellt und Theater an der Leine macht, bellt er ihn kurz und unmissverständlich an. Dann ist Ruhe und der andere Hund weiß Bescheid. Manche Tierbesitzer sind dann irritiert. Ich sage dann ein paar Meter weiter immer zu ihm: „Na, hast du bei dem wieder die Luft rausgelassen?" Dann freut er sich. Selbst er mag nur die Kommunikation mit anderen Tieren, wenn sie sich freundlich und ruhig verhalten. Leider klappt das nicht immer.

Pferde können uns Menschen innerhalb von Sekunden lesen, sobald sie uns sehen. Sie brauchen diese Fähigkeit, da sie Fluchttiere sind. Sie müssen daher sehr schnell entscheiden, ob da ein Freund oder Feind kommt. Es kann dann vorkommen, dass sie beschließen, ihren Reiter heute nicht zu tragen, weil der schon schlecht gelaunt in den Stall kommt. Aber das wiederum verstehen die Menschen nicht und geben dem Pferd dann dafür die Schuld. Dabei spiegeln sie nur das Verhalten des Menschen und machen den Menschen darauf aufmerksam, dass da etwas nicht stimmt. Ich erkenne das immer an den typischen Aussagen der Reiter: „Erst hatte ich den ganzen Tag Stress und Ärger auf der Arbeit und dann war mein Pferd auch noch störrisch und bockig." Die Menschen wissen leider nicht, dass es genau andersrum ist. Würden sie sich vorher entspannen und freundlich und ruhig bleiben, hätten sie keine Probleme mit dem Pferd.

Die Naturvölker wissen dies besser. Sie kommunizieren über Telepathie auch heute noch mit Menschen und Tieren, weil es völlig normal für sie ist, wie zum Beispiel die Aborigines in Australien. Nur wir haben in unserer modernen Welt verlernt, es ebenfalls zu tun. Manchen Erwachsenen wurde es sogar als Kind immer wieder ausgeredet oder sie wurden ausgelacht und nicht ernst genommen, weil die Erwachsenen gesagt haben, das sei alles Quatsch. Genauso war es bei mir auch. Dabei wissen die Erwachsenen aber selbst nicht mehr, dass sie genau dasselbe als Kind gemacht haben und ihnen das wieder von deren Eltern ausgeredet wurde.

Die Leichtigkeit und die Selbstverständlichkeit sind verloren gegangen.

Man sieht es auch immer wieder, wie kleine Kinder mit Tieren umgehen. Die telepathische Kommunikation zwischen Kindern und Tieren ist perfekt. Perfekt deswegen, weil keiner dem anderen gegenüber irgendwelche Vorurteile hat, jeder jeden ohne Vorbehalte annimmt und jeder die Kommunikation zulässt, weil es eben ganz normal ist. Genau das ist es, was uns jetzt als Erwachsener wieder im Weg steht und wir erst wieder mit Übung überwinden müssen. Die Leichtigkeit und die Selbstverständlichkeit sind verloren gegangen.

UNS MENSCHEN AUF FEHLER HINWEISEN

Onyx mag es nicht, wenn ich mein Handy benutze, wenn wir spazieren gehen und dann auch noch jemand anruft. Denn das lenkt mich zum einem selbst ab und ich habe dann nicht mehr den notwendigen telepathischen Kontakt zu ihm. Manchmal geht er dann einfach in eine andere Richtung weiter und „zwingt" mich dazu, dass ich ihn rufen muss und meine Aufmerksamkeit und Konzentration wieder auf ihn lenke und ich mein Handy wieder in die Tasche stecke. Oder er lässt sein Spielzeug einfach irgendwo am Wegesrand liegen und tut so, als könne er sich nicht mehr daran erinnern, sowas jemals besessen zu haben. Das bekomme ich während des Telefonates natürlich mit, aber kann dann deswegen nicht weiter gehen, weil ich sonst sein Spielzeug nicht mehr wiederfinden wür-de. Selbst wenn ich mit dem Finger in die Richtung zeige und er es suchen soll, interessiert ihn das nicht. Er findet es dann interessanterweise erst wieder, wenn ich das Gespräch beendet habe.

Ebenso versteht er es, wenn ich ihm sage, dass ich gerade mit jemandem tele-foniere, der sich um sein Tier sorgt. Dann bleibt er bei mir. Er weiß sowieso, ob ich die Wahrheit sage oder nicht. In einem Team hat also jeder das Recht und die Pflicht, den anderen auch auf Fehler hinzuweisen. Mir blutet immer das Herz, wenn ich andere sehe, die mit ihrem Hund zwar rausgehen, aber nur mit ihrem Handy beschäftigt sind oder sogar noch Kopfhörer im Ohr haben. Die Hun-de, meist kleinere Hunde, sind währenddessen auf sich allein gestellt, weil sie keinen Teampartner haben, der ihnen Führung und Sicherheit gibt. Manchmal schauen die Besitzer dann nur auf, wenn der Hund plötzlich an der Leine zerrt oder bellt, weil er Hilfe braucht und die Welt gerade nicht versteht. Und dann passiert immer dasselbe. Der Hund wird geschimpft oder angeschrien, es wird an der Leine gerissen und dabei weiß der Mensch gar nicht, worum es gerade in dem Moment geht, weil er gar nichts mitbekommen hat. Und einen unsicheren Hund kann man damit noch mehr verunsichern.

Wenn ich das von weitem sehe, gehe ich immer einen ande-ren Weg, weil ich genau weiß, dass sich der Hund fürchterlich aufregen wird, wenn wir an ihm vorbeigehen. Ich möchte dann nicht, dass er geschimpft wird, obwohl er seinen Besitzer nur darauf aufmerksam macht, dass dort etwas ist.

Und jetzt nehme ich dich mit in mein nächstes Ka-pitel, in dem es um meinen Ehrenkodex im Um-gang mit Tieren geht, wie die Vorbereitung ei-nes tierischen Gesprächs abläuft, dass ich auf die Mithilfe der Tierbesitzer vertraue und angewiesen bin und zeige dir auf, wo meine persönlichen Grenzen sind.

Kapitel 2

DIE THEORIE UND WEITERE ANWENDUNGSFORMEN DER TELEPATHIE

EHRENKODEX

Ich habe nach und nach durch meine Erfahrung ein paar allgemeine Regeln für mich selbst aufgestellt, in welcher Art, Weise und Umfang ich die Tierkommunikation mache. Darüber hinaus halte ich mich natürlich auch an den Ehrenkodex von Penelope Smith aus den USA. Sie ist weltweit anerkannt als Pionierin für die telepathische Kommunikation mit Tieren und unterrichtet schon seit den 70er Jahren und bildet Menschen aus.

Zu ihrem und meinem Ehrenkodex gehört, dass ich nur Aufträge annehme, die tatsächlich und ausschließlich von dir als Besitzer des Tieres kommen. Ich führe keine Gespräche im Auftrag von Fremden und Dritten für ein Tier, das ihnen nicht selbst gehört. Damit kann man sehr großen Schaden anrichten. Zum einem, dass der tatsächliche Besitzer dann nie erfahren wird, dass er vielleicht etwas zum Wohle des Tieres verändern muss und zum anderen das Tier selbst, weil ihm im Grunde genommen nicht geholfen wird, weil es keiner umsetzen kann. Das kann im Anschluss dazu führen, dass ein Tier dann jede weitere Kommunikation mit Menschen ablehnt, weil es enttäuscht ist.

Bei und während meiner Arbeit leiten mich mein Mitgefühl, meine eigene Intuition, meine Achtung, mein Respekt, der freie Wille des Tieres und die Wertschätzung für alle Lebewesen dieser Erde. Weiterhin der Wunsch, helfen zu können, damit die Tiere besser von uns verstanden werden und es weniger Missverständnisse zwischen Mensch und Tier gibt. Ich kommuniziere nur mit Tieren, wenn ich das Einverständnis und die Erlaubnis der dazugehörigen Menschen (Eigentümer) habe, die mir persönlich das Vertrauen in meine Arbeit entgegenbringen und mich um Hilfe bitten. Auch müssen die Menschen dazu bereit sein, etwas im Sinne des Tieres zu verändern, wenn es nötig ist. Sonst ändert sich nichts. Ich beurteile und bewerte dein Tier nicht wegen seiner Fehler und Missverständnisse uns Menschen gegenüber. Ich bin frei von Ansichten, Bewertungen und Vorurteilen über dein Tier und ziehe keine voreiligen Schlussfolgerungen wegen Art und Rasse deines Tieres. Ich erteile Tieren auch keine Befehle von dir. Ich stelle mich zuerst höflich bei deinem Tier vor und frage es vorher, ob es aus seinem freien Willen heraus mit mir kommunizieren möchte und ob ich seine Botschaften nach dem Gespräch an dich und seine zugehörigen Menschen weitergeben darf. Ich gebe deinem Tier den dazu nötigen Raum, mit mir zu sprechen und dabei alles sagen zu dürfen, was es sagen und mir anvertrauen möchte. Ich bin während des Gesprächs nur für dein Tier da. Dein Tier ist nicht verpflichtet, die Fragen von uns Menschen zu beantworten, weil auch sie einen freien Willen haben. Es liegt allein in seiner Entscheidung, den wir Menschen in jedem Fall zu respektieren haben. Ich bin während des Gesprächs nur der Botschafter beziehungsweise der Dolmetscher Tier-Mensch, aber nicht die Botschaft selbst. Aus diesem Grund schreibe ich alles genau so auf, was und wie es mir die Tiere anvertrauen. Auch, wenn es mir in einem Moment verstandesmäßig möglicherweise seltsam vorkommt oder scheinbar für mich keinen Sinn ergibt, was das Tier mir gerade in diesem Moment sagt und sagen will. Genau das aber kann der hilfreiche Hinweis für dich sein, da genau du mit dieser für mich seltsamen Antwort des Tieres etwas

Dein Tier ist nicht verpflichtet, die Fragen von uns Menschen zu beantworten, weil auch sie einen freien Willen haben.

anzufangen weißt. Möglicherweise auch erst ein paar Tage oder Wochen später, wenn plötzlich alles einen Sinn ergibt, was dein Tier gesagt hat. Deswegen sollte man sich das Gesprächsprotokoll nach dem Gespräch öfter durchlesen, damit man es immer im Hinterkopf hat und dann bestimmte Sachen, Situationen und Reaktionen des Tieres verknüpfen kann.

Manchmal sendet mir dein Tier auch nur Bilder, Gerüche und kurze Filmsequenzen, weil es keine Worte dafür hat und findet, was und wie es mir etwas sagen kann. Es dient dem besseren Verständnis für mich, worum es den Tieren im Kern ihrer Botschaft geht. Auch das versuche ich dann möglichst genau in Worte zu fassen und Gerüche möglichst genau zu beschreiben.

Oft musst du dich zuerst ändern, damit dein Tier den nötigen Raum dazu hat, sich selbst wieder ändern zu können. Das liegt daran, dass es dich ganz oft selbst spiegelt, um dich damit auf etwas aufmerksam zu machen, was schiefläuft in der Kommunikation. Ich respektiere bei meiner Arbeit die Privatsphäre von Menschen und Tiergefährten gleichermaßen und respektiere selbstverständlich ihren Wunsch nach Vertraulichkeit. Wir Menschen fänden es sicherlich auch nicht lustig, wenn jeder wüsste, was in unserer Krankenakte steht.

Ich versuche von mir aus zu helfen, indem ich dann selbst tiefergehende Fragen stelle, wenn mir etwas aufgefallen ist, was an der einen oder anderen Stelle noch ein Knackpunkt sein könnte. Aber ich gehe nie so weit, die Würde und das Vertrauen deines Tieres zu verletzen oder verschiedene Tiere gegeneinander auszuspielen.

Ich weiß ganz genau, wo meine Grenzen sind. Es ist nicht meine Aufgabe, Krankheiten zu benennen, eine Diagnose zu erstellen und von mir aus zu behandeln und verweise dann an einen Tierarzt. Ich arbeite gern mit Tierärzten, Tierheil-praktikern und Tier-Osteopathen zusammen. Ich kann allerdings Gedanken und Gefühle deines Tieres wahrnehmen und Schmerzen und Symptome selbst genau spüren und erfassen und dessen Skelett und Organe sehen und dies an einen Tierarzt weitergeben, falls es gewünscht ist. Dies können alles nützliche Informationen über dein Tier sein. Tiere wissen nicht immer, was sie haben oder was ihnen fehlt, da sie unsere Begriffe für Krankheiten nicht kennen und nie auf die Idee kämen, freiwillig zu einem Arzt zu gehen.

Meine wichtigste Regel ist, dass dein Tier immer das letzte Wort hat am Ende des Gesprächs und nach deiner letzten Frage. Es darf noch einmal alles sagen, was ihm persönlich wichtig ist, ob es noch eine persönliche Botschaft an dich hat, oder ob es noch etwas anderes sagen möchte, was mit dem Gespräch nicht direkt oder auch überhaupt nichts damit zu tun hat. Direkt im Anschluss an das Gespräch schildere ich meine persönliche Empfindung und meinen Eindruck über dein Tier zum Zeitpunkt des Gesprächs und fasse noch einmal alles zusammen. Dies gibt dir als Besitzer die Möglichkeit, dein eigenes Tier darin genau wiederzuerkennen und ist quasi der Beweis, dass das Gespräch auch tatsächlich stattgefunden hat und es ausschließlich die Botschaft deines Tieres war.

VORBEREITUNG IM VORFELD DES TIERGESPRÄCHS

Meine Kunden schicken mir ein Foto und den Namen ihres Tieres und ihre Fragen. Manche Tierkommunikatoren lassen sich noch das Alter und die genaue Rassebezeichnung des Tieres geben. Das ist für mich nicht wichtig. Im Gegenteil. Diese Informationen könnten meinen Verstand vielleicht dazu bewegen, irgendetwas einzubetten, weil es eben rassetypisch oder alterstypisch ist, aber nicht der Wahrheit entspricht. Diesen Einfluss möchte ich dabei nicht haben. Erstaunlicherweise wissen manche Tiere ganz genau, wie alt sie sind. Manche flunkern dann auch schon mal ein bisschen, was zur Erheiterung der Besitzer führt.

Mein Angebot ist nicht an eine Zeit- oder maximale Fragenanzahl gebunden. Ich persönlich hätte dann das Gefühl, dass es für mich selbst dann keine freie, intuitive und respektvolle Tierkommunikation mehr wäre, für die ich ja gerade mit meinem Ehrenkodex stehe. Denn dann müsste ich dabei dauernd auf die Uhr schauen oder versuchen, möglichst schnell alle Fragen „abzuarbeiten". Mich würde das bei meiner Arbeit sehr stören und im schlimmsten Fall müsste ich dein Tier während des Gespräches womöglich noch unterbrechen, weil die Zeit abgelaufen ist. Aber wahrscheinlich würde ich es noch nicht einmal bemerken, dass die Zeit abgelaufen ist, weil ich dazu keine Uhr benutze, sondern nur den Zeitpunkt vom Anfang und Ende des Gesprächs notiere, wenn ich mein

Zimmer betrete und wieder verlasse und sowieso Zeit und Raum jedes Mal vergesse, weil für Tiere Zeit nicht wichtig ist. Sie leben immer im Hier und Jetzt.

Die einzelnen Schritte erläutere ich im nächsten Teil noch einmal ganz ausführlich. Dies war als kurze Zusammenfassung und Überblick zu verstehen, wie so ein Tiergespräch von Anfang bis Ende abläuft.

ZAUBERSPRÜCHE, GEBETE, RITUALE, ESOTERIK UND HOKUSPOKUS

Nein, das brauchst du alles nicht, sonst hätte ich dieses Buch nicht geschrieben und hätte alles noch vor Abschluss meines Ausbildungskurses wieder aufgegeben. Ich wollte und will es leicht, schnell und einfach haben. Alles was du brauchst ist ein ruhiger Ort, an dem du alleine bist, deine bewusste Wahl, die Konzentration und die echte und ehrliche Absicht, die Tierkommunikation aus deinem tiefsten Herzen tun zu wollen, um etwas Positives damit zu erreichen. Allein schon diese Absicht stellt im Grunde genommen schon die Verbindung her. Es bedarf nur der regelmäßigen Übung, damit dies auch tatsächlich geschieht. Bevor ich mich mit deinem Tier telepathisch verbinde, lese ich mir noch einmal alle deine Fragen durch, damit ich einen groben Überblick habe, um was es im Kern gehen soll in dem Gespräch und ich eventuell noch Ergänzungs- oder Vertiefungsfragen stellen kann. Da ich mich stets von meiner Intuition und Erfahrung leiten lasse, weiß ich genau, wann ich noch weitere Fragen an dein Tier stellen muss und spüre dann sowieso, dass dort noch etwas verborgen ist und geklärt werden muss.

Manche Tiere sind anfangs noch schüchtern und sagen erst einmal nicht viel. Dann warte ich so lange ab, bis sie Vertrauen zu mir gefasst haben. Die meisten Tiere können nicht nachvollziehen, dass die Menschen nicht mit ihnen telepathisch kommunizieren können. Sie gehen immer davon aus, dass wir das alle können und sind dann enttäuscht. Sie können es doch auch!

Ich verbinde mich, aus den bereits erläuterten Gründen, ausschließlich nachts mit deinem Tier, weil ich dann weiß, dass es entspannt ist und schläft. Ich stelle mich erst höflich vor, sage, aus welchem Grund ich zu ihm gekommen bin und dass du mir den Auftrag und die Erlaubnis dazugegeben hast.

Dann bitte ich dein Tier um Erlaubnis und Einverständnis und ob ich die Botschaften an dich und die dazugehörigen Menschen nach dem Gespräch weitergeben darf. Dann stelle ich deine Fragen, erweitere das Gespräch noch mit meinen persönlichen Ergänzungs- und Vertiefungsfragen, wenn ich das Gefühl habe, dass es dort angebracht ist.

Dann meine wichtigste Regel: dein Tier hat immer das letzte Wort am Ende des Gesprächs und nach deiner letzten Frage. Es darf noch einmal alles sagen, was ihm persönlich wichtig ist, ob es noch eine persönliche Botschaft für dich hat, oder ob vielleicht noch etwas anderes sagen möchte, was mit dem Gespräch nicht direkt oder auch gar nichts zu tun hat.

Ich bedanke mich bei deinem Tier für das Gespräch und trenne dann die Verbindung. Danach beende ich meine Mitschrift und runde das gerade geführte Gespräch noch mit meinem persönlichen Eindruck und meinem persönlichen Empfinden über dein Tier zum Zeitpunkt des Gespräches ab.

Sollte mir später beim Abschreiben des Gespräches noch etwas unklar sein oder ich irgendwas doch nicht richtig verstanden habe, verbinde ich mich nochmals mit deinem Tier und frage nach.

ART DES GESPRÄCHS

Manche Tierbesitzer wissen manchmal nicht so recht, was sie ihr Tier eigentlich gern fragen würden. Entweder, weil sie skeptisch mir gegenüber sind oder weil die Tiere erst kurze Zeit bei ihnen sind. Im Lauf der Zeit habe ich mir einen Fragenkatalog erarbeitet mit Fragen, die ich eher einem Tier aus dem Tierheim (ich meine damit aus dem Inland) oder eher einem Tier aus dem Tierschutz (ich meine damit aus dem Ausland) stellen würde. So kann ich schneller Probleme erkennen.

Viele Tiere aus dem Tierschutz haben bereits ein Trauma oder erleiden ein Trauma auf dem Weg zu uns, wenn sie in einem engen dunklen Transporter eingepfercht hier ankommen, die Geräusche von draußen nicht zuordnen können und nicht wissen, was mit ihnen passiert.

Es gibt Tiere aus dem Tierschutz, die haben panische Angst vor Männern in Springerstiefeln. Auch vor Gummistiefeln, weißen Schürzen, Tarnkleidung, Besen und Wasserschläuchen haben sie panische Angst. So gibt es Katzen, die fluchtartig das Zimmer verlassen, wenn man die Küche ausfegen will oder sich eine Kochschürze umbindet. Sie haben mit diesen entsprechenden Gegenständen und Personen teilweise sehr schlimme Sachen erlebt.

Ich hatte aber ebenso schon ein positives Beispiel. Ich sollte herausfinden, warum ein Hund aus Rumänien nun hier in seinem ländlichen zuhause allen Frauen mit Kopftuch und Schürzen hinterherlief, sich kaum halten ließ, sich freute und ihnen die Hände ableckte. Er erzählte mir, dass er in einem Hinterhof jahrelang angekettet war, bis er nicht mehr gebraucht wurde. Und einmal am Tag kamen Frauen mit Schürzen und Kopftüchern vorbei, die ihm etwas zu fressen zuwarfen. Dafür war er ihnen unendlich dankbar, weil sie ihm das Leben gerettet hatten und so wollte er sich bei jeder Frau bedanken, die er wieder traf.

Ich kann die Tierkommunikation auch intuitiv führen und stelle dabei Fragen, bei denen ich spüre, dass sie wichtig für das Tier sind. Und genauso gut kann es auch eine ganz normale nette Unterhaltung und ein Gespräch sein. Diese Entscheidung liegt dann ganz bei dir.

KÖRPER-SCAN ODER EINFÜHLEN IN DAS TIER

Ein so genannter Körper-Scan oder Body-Scan ersetzt natürlich niemals den Tierarztbesuch und auch keine weitere tierärztliche Behandlung. Tiere erzählen mir während des Gesprächs von ihren Symptomen oder von ihren Schmerzen, die sie haben. Sie können keine Diagnosen erstellen, ich kann und darf es auch nicht, da ich kein Tierarzt bin, aber Tiere wissen trotzdem sehr genau, welche Symptome sie haben oder andersherum, was ihnen fehlt. Natürlich mache ich dies nur mit dem Einverständnis deines Tieres. Manche Tiere wissen nicht genau, was sie dabei erwartet. Ich erkläre es ihnen vorher, falls sie Fragen haben. Manche Tiere haben Angst, dass das wehtun könnte. Aber sie merken absolut nichts davon. Ich schlüpfe bildlich gesehen in den Körper des Tieres hinein. Ich nehme alles 1:1 wahr, wie es auch dein Tier gerade selbst wahrnimmt und empfindet.

Manche Tierkommunikatoren wählen den Eingang durch den Kopf, die Brust, das Herz, die Stirn beziehungsweise das Stirn-Chakra. Ich kann es gar nicht genau sagen. Für mich ist das nicht wichtig. Ich lasse mich wieder von meiner Intuition leiten und gehe an die Stelle, die mich als erstes irgendwie anzieht oder schon von Anfang an hervorsticht, wenn es etwas Akutes ist. Ich bitte dann das Tier, mir alles zu zeigen, was es mir zeigen möchte. Ich gehe aber dabei trotzdem nach einem bestimmten Schema vor, damit ich nichts vergesse.

Ich gehe im ersten Teil meiner Körperreise zuerst durch das gesamte Skelett mit den dazugehörigen Bändern, Sehnen und Muskeln deines Tieres und auf der zweiten Körperreise durch alle einzelnen Organe deines Tieres. Bei diesen Reisen durch den Körper deines Tieres sehe ich dann alles vor meinem inneren Auge, bildlich gesehen, wie die farbigen Abbildungen aus einem Biologiebuch des jeweiligen Tieres und sehe, wie der Zustand von Knochen, Sehnen und Bändern aktuell ist. Ob sie verletzt sind oder ähnliches. Ich gehe dann alle Punkte durch, die wichtig sein können und Aufschluss geben. Spüre ich kalte Hände oder Füße als Pfoten des Tieres? Kann ich richtig durchatmen? Spüre ich Druck auf dem Brustkorb? Kann ich meinen Kopf uneingeschränkt schütteln und drehen? Spüre ich eine Blockade an einem Wirbel, in einem Gelenk, im Genick oder der gesamten Wirbelsäule und der Hüfte? Schmerzen meine Schultern? Spüre ich ein Brennen, Jucken, Ziehen, Stechen oder Druck? Spüre ich eine Verspannung, einen schmerzenden Muskel oder Bänder und Sehnen? Spüre ich Entzündungen, Kälte oder Wärme? Spüre ich Kopf- oder Genickschmerzen, Magenschmerzen? Fängt mein Herz an, schneller zu schlagen? Schlägt es langsamer? Bin ich aufgeregt? Bin ich gestresst? Habe ich Angst? Alles ist wichtig. Jedes noch so kleine Detail ist wichtig und kann sehr hilfreich sein.

Wichtig dabei ist, dass man seine eigenen Schmerzen dabei ignoriert, die man vielleicht gerade in dem Moment irgendwo hat und darum bittet, nur die Schmerzen und Symptome des Tieres zu fühlen.

Hunde, die ein Geschirr tragen, haben sehr oft Schmerzen im Brustbereich, aus denen sich dann Schmerzen in der Halswirbelsäule und in den Schultern entwickeln können. Bei manchen behindert es sogar die Atmung, weil sich Hunde verkrampfen, um dem Druck auszuweichen. Manche Hunde lassen sich das Geschirr dann nur noch widerwillig anlegen, werden dann aber meistens dazu gezwungen. Kleine und sehr kleine Hunde, die ein Halsband mit Leine tragen, haben sehr häufig Schmerzen im Genick, Kiefer und der Wirbelsäule, und haben sehr oft Kopfschmerzen, da der Zug und der Ruck an der Leine im Verhältnis zu ihrer Größe viel zu groß sind oder manchmal aus Versehen an der Leine hochgezogen werden.

Bei meiner zweiten Reise durch den Körper deines Tieres sehe ich dann vor meinem inneren Auge die einzelnen Organe. Ich sehe und höre das Herz schlagen, ich höre die Atmung, fühle den Puls, sehe den Magen, die Blase, den Darm, alle anderen Organe. Meine Intuition leitet mich und sagt mir, falls irgendetwas nicht stimmt und zeigt es mir. Ich kann den Zustand der Organe erkennen und sagen, ob sich das gut anfühlt ist und dabei sogar unterscheiden, ob die Symptome schon körperlich sind oder noch seelisch. Oft spüre ich bereits vorher schon im seelischen Bereich des Tieres etwas, was sich erst später im körperlichen Bereich zeigt.

Mit dieser Methode konnte ich schon vielen Tierbesitzern und Tieren helfen. So wurde dann danach noch der Tierarzt oder ein Tier-Osteopath oder Tierphysiotherapeut aufgesucht, die dann gezielter das behandeln konnten, was ich gesehen und gefühlt hatte, weil es mir das Tier exakt so berichtet und gezeigt hatte.

Bei einem kleinen Hund war sich die Besitzerin nicht sicher, was mit dem Vorderbein ihres Hundes plötzlich passiert war. Sie war nur ganz kurze Zeit aus dem Haus gewesen, zum Einkaufen. Als sie zurückkam, humpelte ihr Hund plötzlich, versuchte aber, sich nichts anmerken zu lassen und gab sich ganz tapfer. Der Tierarzt konnte auch keinen Bruch oder eine andere Verletzung feststellen.

Ich hatte dann mit dem Hund kommuniziert. Er gab dann zu, dass er verbotenerweise auf dem Sofa gelegen und kurz geschlafen hatte. Als er sein Frauchen an der Tür hörte, sei er hochgeschreckt und blitzschnell vom Sofa runtergesprungen, damit er nicht erwischt wird. Und bei dem Sprung war er nicht richtig auf dem Fußboden aufgekommen und hatte sich die Pfote verstaucht. Dann war es ihm dann doch etwas unangenehm, dass sich sein Mensch jetzt wegen ihm solche Sorgen machte.

HEILSTRÖMEN/FERNHEILUNG

Hier sind die Fernheilung und das Heilströmen als eine Aktivierung der Selbstheilungskräfte zu verstehen. An dieser Stelle wird kein Heilversprechen von mir gegeben. Es kann, muss aber nichts geschehen. Die Grenzen, dass es nicht funktioniert, sind wieder nur in unserem Kopf. Viele werden dieses Verfahren aus der Traditionellen Chinesischen Medizin, aus dem Reiki oder Handauflegen kennen. Diese Lehren gehen davon aus, dass universelle Energien in genau definierten Bahnen durch unseren Körper fließen. Dieser Energiefluss kann durch ein Trauma, Stress und Angst gestört oder unterbrochen werden. Als Gegenargument habe ich schon öfter gehört, dass man dann selbst keine Energie mehr hat, wenn man diese an ein Tier (oder einen Menschen) weitergibt. Das ist aber nicht der Fall. Wir sind bildlich gesehen nur der Kanal für diese universelle Energie. Sie fließt durch uns hindurch und hilft dann dem anderen, der sie braucht. Und diese Energie weiß genau, wo sie am meisten gebraucht wird und fließt dann von selbst dorthin. Das ist wieder so etwas, was ich einfach akzeptiere. Ich weiß, dass es funktioniert und hinterfrage es nicht.

Dass es aber funktioniert, merke ich immer, wenn meine Hände während der Fernheilung warm werden, obwohl sie sich tatsächlich nicht wärmer anfühlen. Ich beschreibe es immer als Infrarotwärme.

72

Ich höre auch das Argument, dass es nicht funktionieren kann, da das Tier überhaupt nicht anwesend ist. Es funktioniert aber trotzdem, obwohl ich es nicht erklären kann. Denn ich verbinde mich während der Fernheilung, wie bei der Tierkommunikation, telepathisch mit dem Tier und dessen Energiefeld und damit habe ich den Empfänger für die Fernheilung definiert. Und ein weiterer Vorteil: Tiere haben keine Vorurteile und Vorbehalte. Sie nehmen es vorbehaltlos an. Deswegen funktioniert es natürlich auch. Und sie wissen, dass es ihnen guttut.

Ich mache mir immer gern ein greifbares Bild von dem, was ich tue, um es meinem Verstand plausibel erklären zu können, damit er mich nicht blockiert, und natürlich auch anderen zu erklären. Ich stelle mir daher Heilströmen und eine Fernheilung bildlich gesehen wie folgt vor:

Unser Kopf als unsere Schaltzentrale, ist praktisch wie ein großer Sicherungskasten. Es werden nun viele Geräte an das Stromnetz (Energiefeld) des Körpers angeschlossen. Alle Geräte werden gleichmäßig mit Strom (universelle Energie) versorgt. Sind aber zu viele Geräte gleichzeitig angeschlossen und es entsteht eine Überlastung des Stromnetzes (Energiesystems), dann „fliegt die Sicherung raus". Und dieses „zu viel an Geräten" kann zum Beispiel eine neue seelische Belastung des Tieres sein, ein Trauma, Angst oder Stress. Dieses „neue Gerät" (Ursache oder Auslöser) zieht dann mehr Energie aus dem Energiesystem als die anderen, da es mehr Energie benötigt, um von der Seele des Tieres verarbeitet zu werden. Die Tiere sind in ihrer Angst, ihrem Stress und ihrem Trauma gefangen und bekommen nach und nach einen „Burnout", weil ihre Energie im System letztendlich gar nicht mehr ausreicht. Die Energieversorgung bricht im schlimmsten Fall zusammen. Symptome sind genau dieselben wie bei uns Menschen auch. Überforderung, Erschöpfung, Energiemangel, Konzentrations- und Gedächtnisprobleme, Kopfschmerzen, Druckgefühl auf der Brust, Herzschmerzen, Gleichgültigkeit, Langeweile, Apathie. Oder es schlägt in das Gegenteil um, wie zum Beispiel Ruhelosigkeit, Unruhe und Aggression. Aggression gegen Menschen und andere Tiere. Während der Fernheilung verlasse ich mich auch hier wieder komplett auf meine eigene Intuition, ohne Lehrbuch und Ratgeber. Ich gebe dem Tier einfach nur während dieser Zeit mit mir einen persönlichen Raum, in dem ich die defekten Geräte (Trauma, Stress, Angst) in dessen Energiefeld wahrnehme. Ich versuche, sie aus dem Stromkreis zu entfernen und intakte Geräte (Ausgeglichenheit, Ruhe, Lebensfreude etc.) wieder in den Stromkreis einzufügen, so dass der Strom und somit die Lebensenergie wieder frei, ungehindert und gleichmäßig fließen kann.

Manchmal reicht es aus, das nur einmal zu machen, manchmal dauert es länger. Es kommt immer darauf an, wie lange das Tier mit dem jeweiligen Auslöser schon zu kämpfen hat. Während einer Fernheilung lasse ich diese universelle Energie erst bewusst durch meinen Körper fließen. Wenn ich mich bewusst mit dieser Energie verbunden habe, merke ich immer ein angenehmes Kribbeln am gesamten Körper, als würde tatsächlich Strom fließen. In den Füßen, den Händen und in der gesamten Wirbelsäule (unsere Haupt-Antenne für den Empfang dieser Energie) kribbelt es und mir wird angenehm warm.

Dann verbinde ich mich telepathisch mit dem Tier und schicke diese Energie weiter, während meine Energie weiterhin durch meinen Körper fließt. Es wird nicht mehr und nicht weniger dadurch. Auch wenn ich keine Fernheilungen mache, verbinde ich mich mindestens zweimal am Tag für mich selbst mit dieser „Energie von da oben", weil es einfach ein schönes Gefühl ist, sich mit allem, was zwischen Himmel und Erde ist, zu verbinden. Auch ein gutes Hilfsmittel für mich selbst, wenn ein Tag mal nicht so gut gelaufen ist oder ich mich über etwas geärgert habe oder Stress hatte. Danach sieht die Welt immer besser aus und man fühlt sich tatsächlich wieder ausgeglichener. Kann ich nur empfehlen.

Nach einer Fernheilung berichten die Tierbesitzer dann, dass ihr Tier am nächsten Tag schon wieder besser laufen konnte, es ruhiger geschlafen hatte, es wieder lebendiger und freudiger war oder nicht mehr so viel Stress oder Angst hatte und zeigte. Irgendetwas verändert sich immer. Auch wenn es nur für uns „Kleinigkeiten" sind. Dein Tier sieht das anders.

Und damit konnte ich unter anderem dem kleinen Hund helfen, der überstürzt vom Sofa gesprungen ist und sich die Pfote verstaucht hatte. Die Selbstheilungskräfte waren aktiviert.

AKTIVE MITARBEIT UND MITHILFE DER TIERBESITZER

Trotz aller Möglichkeiten und Freiheiten, die ich in einem Tiergespräch und der Energiearbeit mit Tieren habe, haben diese natürlich nur den gewünschten Erfolg, wenn der Tierbesitzer dazu bereit ist, aktiv mit zu arbeiten und tatsächlich etwas zu ändern, falls etwas im Sinne des Tieres geändert werden soll.

Nach dem eigentlichen Tiergespräch biete ich den Besitzern an, gern auf mich zuzukommen, um das Gespräch mit ihrem Gefährten zu analysieren, zu besprechen und auch gemeinsam Lösungen zu finden. Ich biete zusätzlich auch noch Unterstützung im Rahmen eines Coachings an. Es geht dabei um die Fragestellungen: was kann man aktiv tun, um sein Tier noch besser zu verstehen oder den Tierbesitzern zu erklären, wann genau ihm sein Tier etwas sagen will oder Fragen hat.

Manchmal reicht es schon aus, wenn das Katzenkörbchen woanders hingestellt wird. Entweder zieht es unter dem Fensterrahmen durch oder die Katze sieht nach draußen hin einfach nicht genug, obwohl sie doch so neugierig ist. Manchmal wünschen sich Katzen einfach eine größere Katzentoilette, mit einem Berg aus Katzenstreu, weil sie selbst so pingelig sind oder ihnen einfach die Farbe nicht gefällt.

Manchmal ist bei Hunden die Farbe der Liegedecke falsch oder der Ort des Schlafplatzes. Einige wollen trotzdem alles mitbekommen, andere wollen ihre Ruhe haben, wenn sie dort liegen und fangen an zu knurren, wenn man ihnen während ihrer Ruhepause zu nahekommt.

Hunde mögen auch manchmal Fisch lieber als Fleisch. Sie wünschen sich ihr geliebtes Halstuch zurück, das sie als Welpe getragen haben. Manche verweigern ihr „Quietsch-Spielzeug", weil es für sie einfach zu laut ist, ihnen in den Ohren wehtut oder sie das Geräusch nicht mögen oder es eklig schmeckt.

Pferde, die jeden Tag einen Apfel bekommen, wünschen sich nichts sehnlicher als eine Karotte oder mal eine andere Müslisorte.

Für uns mögen das alles Kleinigkeiten sein, die wir vielleicht auch noch belächeln, aber für die Tiere ist es durchaus wichtig. Es hat mit ihrer Persönlichkeit und Würde zu tun und wir möchten doch alle, dass sie sich wohlfühlen und es ihnen gut geht und sie glücklich und zufrieden sind.

Manchmal sind es aber auch größere Probleme, die nicht in kurzer Zeit zu lösen sind. Das Tier wünscht sich beispielsweise mehr Zeit mit seinem Menschen. Es fühlt sich alleingelassen. Diese Probleme entstehen oft bei Nachwuchs in der Familie, wenn die Bezugsperson nicht mehr die Zeit für das Tier hat, die sie vorher noch hatte. Dann wünscht sich das Tier, dass alles wieder so sein soll wie vorher. Obwohl es sehr genau weiß, dass das nicht geht. Es wünscht sich aber einen Kompromiss, dass es auch mal wieder im Mittelpunkt steht und das Gefühl hat, wichtig und geliebt zu sein.

Ängstliche Tiere wünschen sich oft einen Partner, damit sie noch jemanden haben, der sie beschützen kann oder an dem sie sich selbst orientieren können, wenn der Mensch nicht da ist oder er das selbst nicht kann.

Manche Pferde verweigern plötzlich ihre Leistung und Zusammenarbeit mit den Menschen, weil sie es total langweilig finden, jeden Tag dasselbe in der Reithalle zu machen und jeden Tag über dasselbe Hindernis zu springen. Sie würden viel lieber draußen in der Natur rumrennen und sich austoben und auch noch gern einen Pferdekumpel dabeihaben. Manche bekommen Depressionen und Herzschmerzen mit Atemnot, obwohl sie eigentlich gar nichts am Herzen haben und der Tierarzt auch nichts findet.

Viele Pferde können nicht gut vorwärts gehen, weil ihnen einfach der ganze Rücken wehtut vom stundenlangen Herumstehen in der zu kleinen Box und die Muskeln verspannt und/oder verkürzt sind und/oder der Sattel nicht passt und Druck und Schmerzen verursacht und noch mehr, wenn der Reiter draufsitzt.

Auch wenn die Trense nicht passt oder zu eng eingestellt wird und die Schnallen und Riemen auf die empfindlichen Gesichtsnerven drücken oder sie allergisch sind gegen die Legierung des Gebisses und sich Blasen im Maul bilden.

Wenn sie dann ihre Reiter kommen sehen, sind sie einfach nur noch „abgenervt", wie es ein Pferd mir einmal beschrieb, weil sie wissen, dass sie jetzt gleich wieder Schmerzen haben werden, anstatt sich auf die schöne gemeinsame Zeit mit dem Menschen zu freuen und glücklich zu sein. Viele Pferde können diesen Leidensdruck manchmal jahrelang ertragen, bis es ihre Seele aber nicht mehr aushält und schafft, alles zu kompensieren. Dann machen sich Verhaltensauffälligkeiten von jetzt auf gleich bemerkbar. Die Besitzer suchen den Grund dann immer in den letzten zwei Wochen und können nichts feststellen, weil sie nicht bemerken, dass es schon monatelang oder jahrelang so geht und sich das Programm täglich wiederholt. Nichts ist schlimmer für ein Tier zu ertragen als Langeweile.

Ich hatte schon Fälle, dass Hunde plötzlich keine Leistung mehr im Turnier Hundesport brachten. Sie sehen einfach keinen Sinn mehr darin. Sie können doch bereits alle Übungen. Warum sollen sie das denn jetzt immer noch machen und immer wieder wiederholen? Sie möchten dann etwas anderes und Neues ausprobieren. Manche Hunde werden sogar süchtig nach Bällen, weil sie irgendwann anfangen zu denken, es gäbe nichts anderes mehr auf der Welt und werden dann sogar aggressiv, sobald sich jemand ihrem Ball nähert. Und der Mensch hat es dabei nur gut gemeint und den Ball immer wieder geworfen, weil er dachte, der Hund hat Spaß dran. Nein, es ist Suchtverhalten.

Wenn ich mit Uli und Onyx gemeinsam spazieren gehe, findet er das immer ganz toll, wenn Uli sein Spielzeug ganz weit wegwirft. Die kann gut und weit werfen, hat immer eine Ehrenurkunde bei den Bundesjugendspielen bekommen. Das macht er gern und holt sein Spielzeug ein paarmal wieder. Wenn ich dann werfe (ich bekam nie eine Urkunde bei den Bundesjugendspielen) und sein Spielzeug nach gefühlten fünf Metern wieder auf dem Boden aufkommt, rennt er gar nicht erst los, schaut mich nur mitleidig an und sagt: „Pah, hol es doch selbst!" Das macht mir dann keinen Spaß.

Alle Tiere haben gemeinsam, dass sie uns zuliebe sehr lange deswegen leiden und es nur uns zuliebe machen. Aber irgendwann kann ihre Seele diesen Leidensdruck nicht mehr kompensieren und es greift ihre Seele an. Und wenn die Seele krank wird, zeigen sich früher oder später auch körperliche Symptome wie Verhaltensauffälligkeiten und Wesensänderungen und tatsächliche Krankheiten, um dem Menschen zu zeigen, dass hier irgendetwas nicht mehr stimmt.

Wenn die Menschen das aber früh genug erkennen und verstanden haben, und dem Tier die nötige Ruhe oder Anregung geben oder ihm Zeit lassen, Geduld haben und ihm einfach den nötigen Raum geben, verändert sich auch das Tier wieder. Es versteht und bemerkt dann, dass der Mensch es verstanden hat. Tiere tun nie etwas aus böser Absicht oder um uns zu ärgern.

Alles hat immer eine Ursache und eine Wirkung. Sie möchten, dass wir ihnen mit Menschlichkeit, Respekt, Würde und Fairness begegnen.

COACHING UND BETREUUNG IM NACHHINEIN

Ich kann dir bei der Umsetzung von Veränderungen im Sinne des Tieres behilflich sein. Deinem Tier nützt dies nämlich alles überhaupt nichts, wenn du nicht bereit bist, etwas im Sinne deines Tieres zu verändern, obwohl du es ihm vorher vielleicht sogar noch versprochen hast. Es ist ein gegenseitiges Geben und Nehmen. Sobald dein Tier merkt, dass die Kommunikation und das Mitteilen seiner Bedürfnisse gar nicht bei dir angekommen sind, wird es die Kommunikation und Mitarbeit verweigern, weil es enttäuscht und traurig ist.

Ich hatte mal ein Gespräch mit einem Hund, der bei allen Prüfungen immer den ersten Platz belegte. Irgendwann machte er nur noch Fehler und fing an zu humpeln, sobald er den Hundeplatz nur sah. Es fehlte ihm das Lob und die Anerkennung seiner Arbeit durch den Besitzer. Für den Menschen war es mittlerweile selbstverständlich, dass der Hund die Leistung zu bringen hatte und vergaß dabei aber, sich bei seinem tierischen Gefährten dafür zu bedanken und seine Leistung anzuerkennen und ihm seine Wertschätzung entgegenzubringen.

Es kann aber trotzdem sein, dass schon nach einem Tiergespräch alles wieder in Ordnung ist in der Tier-Mensch-Beziehung, weil es hauptsächlich um Missverständnisse und Fehldeutungen geht. Es kann aber auch sein, dass dich dein Tier erst prüft und testet, ob du die Veränderungen wirklich willst und du es ernst meinst und ändert daher sein Verhalten erst Stück für Stück in dem Maße, wie du dich auch veränderst und ihm entgegenkommst.

Oft entsteht durch diesen Prozess sogar ein „Selbst-Coaching" und eine vorher nicht gekannte Persönlichkeitsentfaltung des Tierbesitzers. Dazu gehören neue Fähigkeiten, neue Gaben und Sehnsüchte und Entdeckung neuer Potentiale und Ziele.

Ich kann dich beraten und dir die Hilfestellung geben, dass du wieder lernst, dein Tier tatsächlich und wahrhaftig wahrzunehmen, auf deine eigene Intuition zu hören, die telepathische Verbindung zu deinem Tier aufzubauen, deine gesamte Geisteshaltung in Bezug auf Tiere positiv zu verändern und neue Sichtweisen entstehen zu lassen.

Dein Urvertrauen in dein Tier kommt zurück, es entsteht wieder ein Team. So achtest du besser auf dich selbst und auch auf dein Tier. Du konzentrierst dich wieder auf das Wesentliche und bist im Hier und Jetzt, was sich viele wünschen, aber nicht wissen, wie sie diesen Zustand erreichen können. Im Hier und Jetzt sind die Tiere übrigens immer. Sie machen sich keine Sorgen über die Zukunft und wühlen auch nicht mehr in der Vergangenheit rum. Diese können sie sowieso nicht mehr ändern. Und wenn man das alles zulässt und den Tieren den Raum und die Zeit gibt, dann passieren die Wunder, die vorher keiner für möglich gehalten hätte. Viele beschreiben es als komplett neue Teambildung, sie verstehen einander nun besser und auch ohne Worte, die Bindung ist fester, stärker, inniger. Einigen fällt es wie Schuppen von den Augen und sie sehen plötzlich bei anderen Tierhaltern, was sie vorher selbst falsch gemacht haben in der Kommunikation und dem Umgang mit Tieren. Für mich ist es jedes Mal wieder ein wunderbares Gefühl, diese Veränderung miterleben zu dürfen. Ich freue mich immer wieder aufs Neue. Dann habe ich alles richtig gemacht.

Onyx und ich im Feld.

80

Wenn der Mensch sich wieder sicher ist, mit dem was er denkt und tut, dann kann auch das Tier wieder die Sicherheit und das Vertrauen zu dem Menschen aufbauen. Dadurch wird die Beziehung zu deinem Tiergefährten wesentlich verbessert. Stress hört auf, Verhaltensauffälligkeiten verschwinden.

Meine Welt ist dadurch positiver, lebendiger, harmonischer, glücklicher, zufriedener, menschlicher und besser geworden. Nichts ist schlimmer für ein Tier, als wenn der Mensch selbst nicht weiß, was er eigentlich will und deswegen hektisch wird und aus seiner Ruhe kommt. Dann fühlt sich das Tier in der Pflicht, die Führung für den Menschen zu übernehmen, weil es der Mensch nicht tut. Aber wenn das Tier diese Rolle nicht gewohnt ist oder nicht dafür gemacht ist, zerbricht es daran. Kein Tier will die Führung übernehmen oder übernehmen müssen. Es schließt sich dem Menschen vertrauensvoll und gerne an, sobald es merkt, dass es beim Menschen sicher ist und ihm nichts passiert.

Das ist Fritzi. Er kam kurz vorher aus dem Tierschutz aus dem Ausland zu uns. Ihm habe ich zusammen mit Onyx erst einmal unsere Welt hier erklärt und gezeigt, damit er keine Angst mehr haben muss.

Kapitel 3

DIE GESAMTE PRAXIS, TECHNIK UND FÜHRUNG EINES TIERISCHEN GESPRÄCHS IN EINZELNEN SCHRITTEN ERKLÄRT

Da du jetzt im Praxisteil angekommen bist, gilt für dich ab jetzt Folgendes: Du hast ab jetzt keine Vorurteile mehr, keine Ansichten und Bewertungen und negative Glaubenssätze über die telepathische Kommunikation mit Tieren. Ab hier weißt und glaubst du, dass dies alles funktioniert, wenn du es selbst zulässt und willst. Du bist offen dafür, du hast die echte und ehrliche Absicht dazu.

Die Grenze ist nur in deinem Kopf!

Hier gebe ich dir als Überblick die nachfolgenden einzelnen Schritte, auf die ich alle noch einzeln eingehen werde, damit du weißt, bei welchem Schritt du dich gerade befindest. Teilweise vermischen sich diese Punkte sogar später oder geschehen dann schon gleichzeitig, ohne, dass du darüber nachdenken musst. Dies passiert völlig automatisch, je öfter man Gespräche führt und sich gedanklich von diesem Leitfaden löst und eigene Erfahrungen sammelt. Dann erst hilft uns die Intuition und sie macht einfach das Richtige zur richtigen Zeit.

1. **Vorbereitung**
2. **Verbindung herstellen und Schwingung/Frequenz erhöhen**
3. **Begrüßung des Tieres**
4. **Empfangskanäle für die Botschaften der Tiere öffnen**
5. **Senden und empfangen der Botschaften/Fragen/Antworten**
6. **Unterschied Wissen und Verstand**
7. **Ergänzungs- und Vertiefungsfragen**
8. **Körper-Scan**
9. **Das letzte Wort hat das Tier**
10. **Trennen der Verbindung**
11. **Mein persönlicher Eindruck und Empfinden**

VORBEREITUNG

Die Vorbereitung fängt für mich immer damit an, dass ich mich mit Füller und Schreibblock an meinen Lieblingsplatz setze, von dem aus ich das Gespräch führen werde. Ich sorge dafür, dass ich nicht gestört werde, aber dies ist nachts sowieso nicht der Fall. Ich esse und trinke auch nicht während des Gespräches, da mich das nur ablenken würde. Ich lese mir im Vorfeld noch einmal alle Fragen durch, die ich im Auftrag des Tierbesitzers an das Tier stellen soll. So verschaffe ich mir selbst einen Überblick über den Verlauf und die Richtung des Gesprächs und über die Kernpunkte, die von mir in Erfahrung gebracht werden sollen. Währenddessen komme ich zur Ruhe und konzentriere und fokussiere mich nur noch auf das Tier.

Da ich mich schon gedanklich mit dem Tier beschäftigt habe, indem ich die Fragen gelesen habe, und mir danach direkt sein Foto anschaue, kann ich mich jetzt noch intensiver auf das Gespräch konzentrieren und gedanklich die bewusste Absicht haben und die Wahl treffen, das Gespräch gleich zu führen.

Vorbereitung Tierkommunikation

DIE SCHWINGUNG/FREQUENZ ERHÖHEN UND DIE VERBINDUNG HERSTELLEN

Was ist diese „telepathische Verbindung" und wie funktioniert sie?

Hierzu muss ich vorher erst noch einen kurzen Ausflug in die Quantenphysik mit dir machen. Aber ich halte es wieder bewusst einfach, damit es dich nicht zu sehr verwirrt. Denn aus Erfahrung weiß ich, dass sich dein Verstand gegen die nachfolgenden Sätze erst einmal wehren und es als Quatsch und Blödsinn abtun und verwerfen wird. Dabei ist das hier genau der Schlüssel, den wir brauchen, um das Schloss am Tor zur Gedankenwelt beziehungsweise zur geistigen Welt zu öffnen, um in sie eintreten zu können. Dein Gehirn versucht dich jetzt gleich mit dem eindeutigen Hinweis zu schützen, dass „das sowieso nicht funktioniert". Deswegen auch hier wieder mein Leitsatz: **„Die Grenzen sind nur in deinem Kopf!"** Allein über dieses Thema hier kann man locker ein weiteres Buch schreiben. Ein hilfreicher Tipp deswegen jetzt vorher von mir: Nimm es einfach an, glaube daran, lasse es zu und es wird funktionieren. Sonst könntest du dieses Buch von mir nicht lesen, weil ich es nicht geschrieben hätte, wenn es nicht funktionieren würde.

Der englische Biologe Dr. Rupert Sheldrake erklärt das Funktionieren von Telepathie mit Hilfe der morphogenetischen Felder. Als morphisches Feld, ursprünglich auch als morphogenetisches Feld, bezeichnet er ein hypothetisches Feld, das als „formbildende Verursachung" für die Entwicklung von Strukturen sowohl in der Biologie, Physik, Chemie, aber auch in der Gesellschaft verantwortlich sein soll.

Hierbei handelt es sich um rein hypothetische Energiefelder, die alles auf der Erde miteinander verbinden. Die Quantenphysik geht heute davon aus, dass im morphogenetischen Bewusstseinsfeld, welches unseren gesamten Planeten umspannt, alle Gedanken und Emotionen in der Lage sind, elektromagnetische Schwingungen zu verursachen und somit alle unsere Gedanken und Emotionen auch in diesem Feld gespeichert sind. Das bedeutet, dass all unsere Gedanken, Emotionen, Wünsche und Sehnsüchte hier im Raum um uns herum schweben und jeder mit jedem telepathisch in Verbindung treten kann, wenn er dies möchte. Das morphogenetische Feld entspricht am ehesten dem, was wir in der westlichen Tradition unsere Seele nennen. Die Seele ist es, die völlig unsichtbar alle lebenden Wesen miteinander und untereinander verbindet. Es ist vergleichbar mit einem magnetischen Feld.

So stelle ich mir das morphogenetische Feld vor. Das Bild wurde mit Hilfe der KI erstellt.

Für die Verbindung von Mensch und Tier bedeutet das, auch wenn sie zwar räumlich gerade getrennt sind, bleiben sie trotzdem in enger telepathischer Verbindung, so dass das Tier und auch der Mensch fühlen kann, wenn eine (plötzliche) Veränderung beim jeweils anderen eintritt.

Dr. Rupert Sheldrake hat telepathische Versuche mit Tieren gemacht und fand heraus, dass Hunde anfangen, sich zu freuen, wenn ihr Mensch sich auf der Arbeit die Jacke anzieht und nach Hause fährt. Wenn er aber vom gewohnten

Weg abbiegt, weil er noch was einkaufen will, legt sich der Hund wieder ruhig in die Ecke. Fährt der Mensch dann wieder weiter nach Hause, freut sich der Hund wieder. Es funktioniert. Tiere können unsere Gedanken lesen, weil sie mit uns verbunden sind.

Bei kleinen Kindern, bis ungefähr zum siebten Lebensjahr, ist diese telepathische Fähigkeit noch sehr ausgeprägt. Sie sind der geistigen Welt sehr nahe und unterhalten sich häufig mit für Erwachsene unsichtbaren Wesen, Pflanzen oder Tieren. Leider geht diese angeborene Fähigkeit mit der Zeit infolge von Konditionierung durch Erwachsene verloren oder weil wir es ihnen als falsch und „Das gibt es nicht" ausreden. Redet es kleinen Kindern bitte nicht aus, wenn sie so etwas sehen. Es stimmt alles, wenn sie dort jemanden sehen und mit jemandem sprechen.

Und dennoch haben wir alle schon erlebt, dass gerade diese Person anruft, an die wir gerade denken. Wir tun es leider immer nur als Zufall ab, erkennen es nicht als telepathische Kommunikation. Ich erlebe es öfter, dass ich an Tierbesitzer denke, die sich länger nicht mehr bei mir gemeldet haben. Meistens erhalte ich dann einen oder zwei Tage später E-Mails, in denen sie mir über ihre Tiergefährten und ihre Fortschritte berichten. Wenn ich dann nachfrage, warum sie mir gerade jetzt geschrieben haben, antworten die meisten, dass ihnen der Gedanke einfach so kam, dass sie sich mal wieder melden könnten. Es war also kein Zufall, sondern Gedankenübertragung.

Wie aktiviere ich jetzt also meine telepathischen Fähigkeiten?

Ziel ist es, vor meinem inneren Auge eine große weiße oder schwarze Leinwand zu bekommen, auf der sich demnächst alles abspielen wird, was mit der Tierkommunikation zusammengehört. Also wie in einem großen Kinosaal. Nur mit dem Unterschied, dass ich der einzige Besucher bin, der auf die Leinwand schaut.

Die Grundvoraussetzung für Telepathie von Herz zu Herz oder Seele zu Seele ist, dass dein Kopf erst leer werden muss. In einem Gedankenkarussell gefangen, funktioniert es nicht. Keine Gedanken mehr, kein Ärger mehr, keine Termine mehr. Keine Gedanken daran, was du noch alles erledigen musst oder eben noch nicht erledigt hast. Such dir einen absolut ruhigen Ort und Stelle sicher, dass du während der Übungen nicht gestört und nicht durch dein Handy abgelenkt wirst und dich vollkommen darauf konzentrieren kannst. Für manche ist der perfekte Ort der Schreibtischstuhl im Homeoffice, der Küchenstuhl, das Sofa oder eben das Bett. Im Bett hat es den Nachteil, dass man öfter dabei einschläft, so wie es anfangs bei mir war, weil man sich so wunderbar geborgen, sicher und entspannt fühlt. Man kann sich aber durchaus den Wecker stellen, dass man nach anfangs 15 Minuten wieder geweckt wird, falls man doch eingeschlafen ist. Probiere aus, was für dich am besten funktioniert.

Ich schließe dann meine Augen an meinem Lieblingsplatz, den ich für mich persönlich gefunden habe. Alle möglichen Gedanken schießen mir natürlich jetzt gerade durch den Kopf, weil ich genau jetzt Zeit habe, mich um alle Gedanken zu kümmern. Ich möchte es aber jetzt nicht. Ich lasse sie noch einen Moment wie Wolken am Himmel vorbeiziehen, beachte sie aber nicht weiter. Ich beobachte sie nur und atme langsam tief ein und aus. Dann treffe ich die bewusste Entscheidung, meine noch vorhandenen Gedanken abzustellen. Auch wenn wir uns dessen nicht wirklich bewusst sind, kommen bei jedem von uns ca. 60.000 einzelne Gedanken pro Tag an. Meine Gedanken kann ich am besten und schnellsten abstellen, wenn ich meinem Gehirn eine komplett sinnlose Frage stelle, auf die es absolut keine Antwort weiß und auch keine finden kann und wird.

Diese komplett sinnlose Frage lautet: „Welche Farbe hat mein nächster Gedanke?" Und schon kommen alle Gedanken sofort zum Erliegen. Es fühlt sich plötzlich ganz anders an in deinem Kopf. Mach dir keinen Stress. Wenn du diesen Moment drei Sekunden am Anfang halten kannst beim ersten Mal, ist das in Ordnung. Und fünf Sekunden werden dir dann schon wie 10 Minuten vorkommen. Die Leinwand vor meinem inneren Auge bleibt für einen kurzen Moment schwarz oder weiß. Die Zeit scheint in dem Moment komplett still zu stehen. Es ist Ruhe in meinem Gehirn eingekehrt. Das ist das Ziel.

Was ich hier jetzt niederschreibe, passiert dabei in diesen drei Sekunden in Echtzeit in deinem Gehirn: Im Hintergrund versucht dein Gehirn verzweifelt eine Antwort auf deine komische Frage zu finden. Die verschiedenen Gehirnareale kommen nach erfolgloser Recherche zum Ergebnis, dass es keine eingefärbten Gedanken gibt. Sie sind aber trotzdem gezwungen, dir eine Antwort zu liefern, haben aber keine und können keine finden. Also was machen sie? Sie schicken dir alle Gedanken wieder zurück, die du eben so schön der Reihe nachgedacht hast. Und dann sind sie alle wieder da. Vielleicht ist die Lösung irgendwo dabei. Die Ruhe ist anfangs also genauso schnell vorbei wie sie gekommen ist.

Jetzt kannst du das noch ein paarmal wiederholen. Mein Gehirn wusste dann irgendwann, dass ich gleich wieder dieselbe dämliche Frage stellen würde und ich nahm dann einfach die nächste sinnlose Frage. Die lautet wie folgt: „Wie riecht mein nächster Gedanke?" Und wieder war Stille und alles dunkel auf der schwarzen oder weißen Leinwand für die paar Sekunden, die mein Gehirn brauchte, um die Antwort zu finden, beziehungsweise meine gesamten Gedanken wieder zu mir zurückzuschicken, weil es auch auf diese Frage keine Antwort wusste.

Durch diese tägliche Übung schafft man es Stück für Stück, diesen Zeitraum mit der schwarzen oder weißen Leinwand immer länger zu halten. Wenn dein Gehirn dann langsam begreift, dass es nichts Schlimmes ist, für einen kurzen Moment überhaupt nichts zu denken, empfindet es diesen Zustand dann sogar als sehr schön und möchte mehr davon. Es fühlt sich für mich an wie Glückseligkeit, pure Lebensfreude und Schwerelosigkeit. Ich kann seitdem Menschen sehr gut verstehen, die stundenlang meditieren. Sie empfinden genau dasselbe. Und diese schwarze oder weiße Leinwand braucht es, um die Gedanken, Bilder und Stimmen der Tiere zu empfangen.

Nur 15 Minuten am Tag!

Du solltest diese Übung täglich für mindestens 15 Minuten machen, denn sie bringt dir zwei wesentliche Vorteile. Diese Zeit ist erstens nur für dich und du stärkst zweitens damit deine Konzentrationsfähigkeit auf das Wesentliche. Du kannst dir dann auch noch andere sinnfreie Fragen stellen, suchst dir aus dem Internet geführte Meditationen oder konzentrierst dich nur auf deinen eigenen Atem, indem du ihn einfach nur beobachtest und ihm zuhörst. Ich möchte aber hier keine Vorschriften machen, weil ich weiß, dass nicht jeder auf dieselbe Meditation gleich anspricht. Das war bei mir auch ein Problem, warum es anfangs nicht funktionierte.

Ich habe diese Übung dann zwischendurch immer wieder gemacht. Wenn ich aus dem Küchenfenster in den Garten geschaut habe, wenn beim Fernsehen gerade Werbung lief oder habe einfach nur so auf eine große weiße Wand in meiner Wohnung geschaut. Aber natürlich darfst du diese Übung nicht beim Autofahren oder bei Dingen tun, bei denen deine volle Aufmerksamkeit erforderlich ist. Mit der Zeit kommt dir dann sogar selbst der Gedanke, dass du diese Übung immer mal wieder machen könntest. Es ist ein Zeichen dafür, dass unser Verstand es akzeptiert hat, was wir da tun und uns nicht mehr blockiert und wir uns selbst im Weg stehen. Auch der Widerstand unseres Bewusstseins wird geringer und man muss sich nicht immer wieder neu motivieren, diese Übung zu machen. Und schließlich weißt du auch, wofür du diese Übung machst.

Du kannst auch gern Yoga oder eine andere Meditation in dieser Zeit machen. Es gibt kein Richtig und kein Falsch. Es geht nur darum, die innere Ruhe zu finden, den Blick nach innen zu richten, in das Tiefenbewusstsein zu gelangen. Denn nur dann kann man seine gesamte Aufmerksamkeit gezielt nach innen richten und sich von dem Äußeren lösen. Es ist reine Übungssache. Dann kann die Kommunikation von Herz zu Herz und Seele zu Seele entstehen. Welchen Weg du dabei gehst, ist völlig egal.

Ich atme also ruhig ein und aus und beobachte meinen Atem. Ich schalte meine Gedanken aus und warte, bis die schwarze oder weiße Leinwand vor meinem inneren Auge auftaucht. Ich schließe dann meine Augen, damit mich von der äußeren Welt nichts mehr ablenken kann.

Ich blende alle Vorurteile und Bewertungen über den Mensch und das Tier aus, die sich meist schon aus den Fragen ergeben und habe keine Ansichten und Schlussfolgerungen mehr über beide. Ich bin völlig neutral und wertfrei eingestellt. Ich bin dabei nur der Übersetzer und habe keine eigene Meinung während des Tiergesprächs.

Mit diesem Begriff habe ich mich während meiner Ausbildung immer recht schwergetan. Erklären konnte es keiner so richtig und ich habe mich selbst auf die Suche gemacht. Hierüber wurden auch schon einige Bücher geschrieben. Meine Intuition hat mich dann zu Dr. David R. Hawkins geführt. Vorab nehme ich dich wieder mit auf einen kleinen Ausflug in die Welt der Schwingungen, Lebenskraft und Lebensauffassungen.

Die SKALA DES BEWUSSTSEINS von Dr. David Ramon Hawkins

Dr. David Ramon Hawkins, geboren am 3. Juni 1927 in Milwaukee (Wisconsin); gestorben am 19.09.2012 in Sedona (Arizona) war ein US-amerikanischer Mystiker, Psychiater, spiritueller Lehrer und Autor.

Hawkins arbeitete als Psychiater und leitete eine große psychiatrische Praxis im Staat New York. Nach Beendigung der klinischen Tätigkeit 1980 zog er sich zurück und befasste sich sieben Jahre lang vorwiegend mit Spiritualität und Bewusstsein. Hawkins vertrat die Orthomolekulare Psychiatrie. Sein Hauptanliegen war die Förderung menschlicher Spiritualität. Er erklärte spirituelles Wachstum als gründlichstes und am tiefsten greifendes Mittel zur Linderung von Leid in dieser Welt. Nach seinen Vorstellungen leben Menschen auf unterschiedlichen Bewusstseinsebenen und nehmen Wirklichkeit und Wahrheit in Relation zu diesen Ebenen wahr.

Er hat somit eine „Skala des Bewusstseins" entwickelt, die einen Messwert oder Schwingung von 0 bis 1.000 als unser Bewusstsein und Lebenskraft, also unsere energetische Schwingung, bezeichnet. Je nachdem, wie man gerade denkt

SKALA DES BEWUSSTSEINS von Dr. David Ramon Hawkin

Schöpfermodus Fülle, lebensbejahend, sich ausdehnendes Bewusstsein	Erleuchtung	700–1000
	Frieden	600
	Freude	540
	Liebe	500
	Einsicht	400
	Akzeptanz	350
	Bereitschaft	310
	Neutralität	250
	Mut	200
Überlebensmodus Mangel, lebensverneinend, kontrahierendes Bewusstsein	Stolz	175
	Wut	150
	Verlangen	125
	Angst	100
	Trauer	75
	Apathie	50
	Schuld	30
	Scham	20

Du möchtest mehr darüber erfahren? Dann folge dem Link zur Quelle:
https://www.puzzle-your-mind.de/bewusstseinsebenen-nach-hawkins/

und sich fühlt, befindet man sich auf verschiedenen Bewusstseinsebenen und auf einer höheren oder niedrigeren Schwingung.

Links in der Abbildung ist die Skala des Bewusstseins schematisch in Anlehnung an die von Hawkins abgebildet. Worum es dabei genau geht:

Dr. David Ramon Hawkins hat es geschafft, diese ganze Materie auf einem Schaubild zu veranschaulichen. Ich gehe mit meinen eigenen Worten noch einmal darauf ein. So wie ich mir dieses Wissen erschlossen und für die Tierkommunikation umgesetzt habe. Danach wird einem vieles klar, warum eben Dinge so sind, wie sie sind. Und Dinge so passieren, wie sie passieren.

Dr. David Ramon Hawkins unterteilt die Lebenskraft-Schwingung von 0 bis 175 (0 entspricht dabei dem Tod) in den „Überlebensmodus" ein und das „begrenzte und unbewusste Ego" ein. Wir leben die meiste Zeit eher unbewusst und verlassen uns auf unser Unterbewusstsein, weil dort alles abgespeichert ist, was wir können und machen. Wir leben und handeln praktisch auf „Autopilot". Der Verstand kontrolliert laufend unsere 60.000 Gedanken den ganzen Tag und lässt uns unseren normalen Tagesablauf absolvieren. Wir funktionieren einfach nur. Wir sind aber dadurch unbewusst und begrenzen uns dabei selbst, weil wir keine anderen Denkweisen mehr zulassen und ablehnen. Das erklärt hier auch sehr anschaulich, warum es so viele Vorurteile gegenüber der telepathischen Kommunikation mit Tieren gibt. Die Grenzen sind nur im Kopf! Man müsste dazu Loslassen und sich von alten Ansichten, Bewertungen und Schlussfolgerungen lösen. Das geht aber nicht, wenn unser Tagesablauf von Stress, Hektik und Zeitdruck geprägt ist. Wir sind in dem Hamsterrad gefangen. Und sind auch noch davon überzeugt, dass es keinen Ausweg daraus gibt. Dies stimmt aber nicht.

Ab einer Schwingung von 200 lösen wir uns hingegen langsam von unserem Ego, dem Autopiloten, unserem Verstand und damit dem unbewussten Denken und Handeln und kommen nun in den Bereich von „unbewusst und begrenzt" nun in das „grenzenlose und bewusste Selbst" und in den „Schöpfermodus".

Daher stammen auch die Worte SELBST-Bewusstsein und SELBST-Verwirk-lichung ab. Bildlich gesehen gibt es hier noch eine Institution – das Selbst -, die noch über uns steht und noch größer ist als wir. Dies umfasst noch mehr als unser Ego und uns. Mein Ego ist also deshalb nur ein Teil von mir. Darüber steht noch das Selbst.

Ich weiß, man muss das erst noch ein paarmal lesen, um es zu verstehen. Mein eigenes Ego, mein Autopilot, mit seinem begrenzten und unbewussten Sein, hat sich damals gleich am Anfang gegen diese neue Vorstellung gewehrt und es anfangs einfach nicht zugelassen, dass ich nun so komische Gedanken habe und diese auch bewusst denke. Mein Verstand musste unbedingt verhindern, dass er mich und meine Gedanken nicht mehr kontrollieren kann und darf. Er leidet sonst sprichwörtlich unter Kontrollverlust, denn dies ist schließlich seine einzige Kompetenz, die er hat. Meine Gedanken zu kontrollieren. Mehr kann er nicht. Ein Verstand kann auch nicht fühlen. Er kann nur denken.

> *Die Grenze war damit tatsächlich deshalb immer nur in meinem Kopf! Dann wurde mir auch erst diese wahrhaftige Bedeutung und diese Klarheit dieses Satzes bewusst, also BEWUSST bewusst. Wenn man sich auf dieses Gedankenexperiment einlässt, hat man gerade zum ersten Mal diese Grenze zur höheren Schwingung überschritten.*

Der Grund, dass ich überhaupt erst in diese höhere Schwingung eintreten konnte, war, weil ich es in meinem Kopf bewusst zuließ und gewollt habe, dass telepathische Tierkommunikation nun tatsächlich möglich ist und offensichtlich doch wohl irgendwie ein bisschen funktionieren könnte. Auch für mich kleines Licht unter Meistern und Profis. Und zu meinem Erstaunen, fühlte sich das gerade auch noch richtig gut an und brachte mir ein positives Gefühl. Aber mein Verstand holte mich ein paar Sekunden später dann doch von meinem ersten Ausflug wieder zurück. Ich wäre gern noch ein bisschen länger geblieben.

Im zeitlichen Verlauf verschwindet dieser Widerstand vom Ego aus und mein Unterbewusstsein (Autopilot) blockiert dies alles nicht mehr, weil beide zusammen festgestellt haben, dass ihnen nichts passiert und sie trotzdem beide noch gebraucht werden. Mir war das Ganze und wie es alles miteinander zusammenhängt und aufeinander aufbaut, vorher leider nicht klar und wurde mir auch nicht erklärt. Man muss den Verstand bei so etwas immer an die Hand nehmen und ihn mit ins Boot holen, sonst blockiert und manipuliert er alles Weitere. Er öffnet in seiner puren Verzweiflung wieder die Datei mit allen Vorurteilen, die man gegen die Tierkommunikation hat oder von anderen gehört hat, er feierte gnadenlos jeden Misserfolg, den ich bei meinen Übungen in der Ausbildung hatte. Nur, damit ich endlich die Finger von diesem Quatsch lasse. Er hat es mir schließlich von Anfang an gesagt, dass Tierkommunikation nicht funktionieren kann! Ich wollte einfach nicht auf ihn hören.

Ich gehe davon aus, dass das der Hauptgrund dafür ist, warum viele am Anfang wieder aufgeben. Weil ihnen nicht erklärt wurde, dass dies der wichtigste Schritt ist, den es bewusst zu verstehen gibt. Man kann auf jeden Fall den unbewussten Verstand ausschalten und beginnen bewusst zu denken. Wenn man die Funktionsweise erst kennengelernt hat, kann man es einordnen und man kann damit umgehen. Und hierbei entsteht Schritt für Schritt auch die Persönlichkeitsentfaltung, die man dabei erfährt. Man begreift tatsächlich, dass wir zu so viel mehr fähig sind, wenn wir es nur bewusst ausprobieren. Und deswegen steht meiner Meinung nach auch in der Tabelle bei der Schwingung 200 nicht nur zufällig „Mut". Denn den braucht man, um über seinen Tellerrand hinauszuschauen. Es ist, wie ins kalte Wasser zu springen.

Wenn du auch hierfür wieder ein Bild brauchst, kannst du gern meines nehmen. Jeder Mensch ist von seiner Aura (Energiefeld) umgeben, die mehr oder weniger weit von ihm abstrahlt. Dies hat wiederum damit zu tun, wie unbewusst oder bewusst wir leben und wieviel Lebenskraft in uns ist und wieviel wir davon ausstrahlen und abstrahlen. Daher kommt auch das Wort Ausstrahlung. Ich, ich bin das materielle, sichtbare und unbewusste Ego und meine Aura um mich herum ist das feinstoffliche, unsichtbare und bewusste Selbst, das Selbstbewusste. Und nur dieses „höhere Selbst" hat die Fähigkeit, mich mit den Tieren zu verbinden, weil das Senden und Empfangen nur in diesen höheren Schwingungen möglich ist.

Tiere sind immer in der höheren Frequenz und Schwingung. Deswegen müssen wir zu ihnen „hoch" kommen. Sie können nicht zu uns „runter" kommen. Denn dort funktioniert die telepathische Kommunikation nicht mehr.

Tiere kennen und empfinden normalerweise keine Scham (20), keine Schuld (30), keine Wut (150). Es sei denn, sie stecken gerade selbst schon länger in einem Trauma fest und haben dadurch zusätzlich noch Verhaltensauffälligkeiten entwickelt. Dann sind sie ebenfalls in der unbewussten Welt mit der niedrigen Schwingung und fehlenden Lebenskraft gefangen und kommen alleine nicht mehr dort heraus.

Es ist nämlich genau das Gegenteil. Die Tiere folgen uns bereitwillig (310), lieben uns (500) mit Freude (540), und fühlen Glückseligkeit und Frieden (600), wenn sie bei uns sein können und dürfen. Und das alles geht nur, wenn sie selbst in der höheren Schwingung sind und wir sie dort sein lassen und nicht mit Dressur, Zwang und Druck zu etwas zwingen. Dann fallen sie aus ihrer hohen Schwingung heraus und es ist keine mentale Kommunikation mehr möglich, da sie sich ebenfalls bei uns im unteren Schwingungsbereich befinden.

Und dann ist es auch kein Zufall mehr, dass in der Tabelle bei der 600 der Begriff Frieden steht. Dann herrscht Glückseligkeit, innere Stille, alles ist mit allem verbunden, vollkommen, und als Letztes: Ich bin dadurch lebendiges Bewusst-SEIN. Das hat mich echt umgehauen, als ich es damals verstanden hatte. Also alles Zutaten für eine telepathische Tierkommunikation und dies entspricht und beschreibt genau dieses Gefühl, welches ich bei einer Tierkommunikation habe.

Als ich endlich diese Tabelle komplett verstanden und verinnerlicht hatte, wurde mir selbst und vor allem bewusst so einiges klar. Tiere sind immer in der höheren Schwingung zwischen 200 und 600. Sie sind sich ständig ihrer Selbst bewusst. Sie können nicht einfach in unsere Schwingung runterkommen, denn dann könnten sie nicht mehr mit uns kommunizieren, weil sie vom bewussten Dasein in das unbewusste Dasein gehen müssten. Wir müssen zu ihnen hochkommen, in die höhere Schwingung. Von der 200 auf die 600. Nur dort ist telepathische Kommunikation möglich, auf der Herzebene oder der Seelenebene, wie man es nennen möchte. Und das erklärt auch, warum kleine Kinder immer in dieser hohen Schwingung sind. Es ist, weil sie Angst, Schuld und Scham noch nicht kennen und ohne Vorurteile sind. Und deswegen haben sie auch von Geburt an die Fähigkeit, mit Tieren zu kommunizieren.

Du musst also einfach nur Stufe für Stufe diesen Weg gehen, den ich gegangen bin. Du darfst diesen Weg mit Mut (200) gehen. Das heißt, nichts auf die Vorurteile anderer zu geben und nicht zu glauben, dass Tiere zu dumm dazu sind.

Die können es schon. Du wirst dadurch automatisch die Neutralität (250) bekommen, selbst keine Vorurteile mehr gegenüber Tierkommunikation und Tieren zu haben. Du wirst dadurch Bereitwilligkeit, Offenheit und das Engagement haben (310), diese Fähigkeit tatsächlich wieder lernen zu wollen. Dadurch bekommst du die Akzeptanz (350), dies alles auch wieder zuzulassen. Die Grenze ist nur in deinem Kopf! Dann kommt die Einsicht und die Vernunft (400) dazu. Du wirst sehen und erkennen, dass es funktioniert. Du wirst Tiere aufrichtig lieben (500) – auf jeden Fall anders als es vorher war. Die heitere Gelassenheit, die Freude, die Daseinsfreude und bedingungslose Liebe den Tieren gegenüber wird dann ganz automatisch kommen (540) und dann findet die telepathische Tierkommunikation in Frieden und Glückseligkeit (600) statt, in der du dann ganz selbstverständlich mit dem Tier auf der Herzebene oder der Seelenebene verbunden bist.

Tiere sind also praktisch gesehen nur eine Stufe unter der „Erleuchtung" (700 – 1.000), wie es Buddha, Christus, Krishna und Gott waren. Seitdem ich das begriffen habe, wundert mich auch nichts mehr und ich bin umso dankbarer, was ich bis jetzt alles von den Tieren lernen durfte.

Aufgrund dieser Tabelle habe ich nun auch begriffen, warum es Eltern und Tierbesitzern nichts bringt, ihr Kind oder ihr Tier aus Wut und Ärger (150) anzuschreien, wenn es etwas falsch gemacht hat. Beide bekommen Angst (100). Dadurch entsteht Lähmung. Sie hören uns nun überhaupt nicht mehr zu und sind starr vor Schreck und nicht mehr in der Lage selbst zu denken. Zudem sind dann auch noch alle Beteiligten in der niedrigen Schwingung, in der keine echte Kommunikation und erst recht keine telepathische Kommunikation mehr funktioniert und stattfinden kann.

Genau deswegen behaupte ich weiterhin, dass absolut jeder die telepathische Tierkommunikation wieder lernen kann, wenn er dieses Prinzip der Schwingungen verstanden hat und die Grenze in seinem Kopf überwindet und zulässt, dass es tatsächlich und wahrhaftig noch etwas zwischen Himmel und Erde gibt, das wir nicht verstehen, es aber funktioniert. Dann wäre sogar die Welt ein besserer

Ort, wenn mehr Menschen in dieser hohen Schwingung wären, wie es Dr. David Ramon Hawkins auch selbst gesagt und erklärt hat.

Ich muss also gedanklich in die „höhere Schwingung" kommen, in der sich Tiere und kleine Kinder sowieso immer befinden und meinen bewussten Verstand für diesen Zeitraum bewusst ausschalten. Ich stelle es mir als einen eigenen Funk- und Frequenzbereich vor, auf dem ich dann senden und empfangen kann.

In diese höhere Schwingung kommt man, wenn man Gefühle von Liebe und Dankbarkeit und auch Glückseligkeit empfindet. Das funktioniert beispielsweise, wenn man die Welt durch die Augen eines Kindes sieht. Mit dieser kindlichen Leichtigkeit, die uns verlorengegangen ist. Aber auch das kann man wieder lernen. Meine fünfjährige Nichte ist ebenfalls ein guter Lehrmeister. Während ich in meinem Normal-Bewusstsein auf der „normalen Schwingung" bin, kann ich nicht mit Tieren telepathisch kommunizieren, weil dann der Verstand (Autopilot) wieder einsetzt und mir „dazwischenfunken" oder mich blockieren würde.

Ich habe mir selbst verschiedene Wege überlegt und auch alle ausprobiert, da ich die Rituale mit Kerzen, Gebeten, Zaubersprüchen, bestimmten Sprays oder Gerüchen, reinigen, erden und schützen nicht mache. Ich stehe dafür, und liefere den Beweis, dass man die telepathische Tierkommunikation komplett ohne Esoterik und Hokuspokus lernen kann. Das hat mich damals alles viel zu viel irritiert, und löste Vorurteile in mir aus. Den Tieren ist es völlig egal, wie wir zu ihnen kommen. Hauptsache, wir kommen zu ihnen. Trotzdem möchte ich aber schnell und effektiv zum selben Ergebnis kommen, nämlich in die höhere Schwingung. Meine Intuition leitet mich und sucht den besten und schnellsten Verbindungsweg für mich aus.

Meinem Gehirn und meinem Verstand hilft es, sich schneller von dem unbewussten Zustand zu lösen, je kurioser und abenteuerlicher meine Visualisierungen sind, um in die höhere Schwingung zu kommen.

Manchmal ist es der „Flugzeugstart". Ich stelle mir vor, wie ich in einem Flugzeug sitze und der Pilot auf die Startfreigabe vom Tower wartet. Ich bin positiv aufgeregt und freue mich auf den Start. Ich kann es kaum erwarten. Das

Flugzeug steht dann am Anfang der Startbahn und rollt endlich langsam los. Es wird schneller und immer schneller. Und dann kommt der Punkt, an dem es abhebt und den Boden unter sich verlässt und frei und aus eigener Kraft und aus eigenem Willen fliegt und in die Luft gehoben wird. Es fliegt gedanklich in den blauen Himmel und bringt mich direkt in die höhere Schwingung hinein.

Bei Tieren, mit denen ich oft kommuniziere und sowieso verbunden bin, reicht mir sogar für die Verbindung der „WLAN-Router" als Visualisierung: Ich stelle mir vor, dass ich am Computer sitze und die Absicht habe, mich über einen gedachten Server mit dem Tier zu verbinden. Das Tier ist ebenfalls gedanklich mit demselben Server verbunden. Und dann kommunizieren wir. Und da die Theorie besagt, dass alles mit allem verbunden ist, stelle ich mir diese Verbindung dann immer als unsichtbares WLAN-Netzwerk vor.

Wenn ich den ganzen Tag sowieso schon in dieser höheren Schwingung bin, weil ich tolle Erlebnisse mit anderen Menschen und Tieren hatte, denen ich helfen konnte, oder mit Onyx spazieren gegangen bin und nette Menschen getroffen habe und einfach gut drauf bin, dann braucht es nicht mehr viel, um mich zu verbinden. Dann nehme ich direkt die „gute Schwingung". Dann spüre ich mich einfach nur noch einmal bewusst in diese gute Schwingung hinein, die ich schon den ganzen Tag über hatte. Ich muss dann einfach nur noch an dieses schöne Gefühl in der Herzgegend denken, die Freude eins kleinen Kindes haben, mit dieser kindlichen Freude die Welt betrachten und anfangen zu lächeln. Dann steht die Verbindung schon.

Wenn ich allerdings einen stressigen Tag hatte oder ich mich über mehrere Sachen geärgert habe, dann dauert es natürlich auch bei mir länger, bis ich in die „höhere Schwingung" komme. Dann muss auch ich den längsten und ausführlichsten Weg nehmen. Ich nenne es „Ausdehnen". Manchmal will die Leinwand dann absolut nicht schwarz oder weiß werden, weil ich nicht aus meinem Tages-Bewusstsein und dem Hamsterrad rauskomme und mein Verstand und meine Gedanken einfach keine Ruhe geben. Ich muss es bewusst verdrängen. Dafür habe ich wieder zwei Varianten. Manchmal reicht es, wenn ich mich gedanklich in einem Bus „ausdehne". Ich stelle mir vor, ich sitze in einem vollbesetzten Stadtbus. In meinen Körper strömt so viel Energie ein, dass ich praktisch wie ein

Luftballon oder Ball bin, der immer weiter aufgeblasen wird. Dieser Ball oder Luftballon kann aber nie platzen. Davor brauche ich keine Angst zu haben. Ich werde dann immer größer und größer, so dass meine Sitznachbarn (Verstand, Gedanken, Tages-Bewusstsein) den Bus verlassen müssen, weil kein Platz mehr für sie da ist. Anschließend müssen die nächsten Leute in den Sitzreihen ausweichen und aussteigen, weil ich mich immer weiter ausdehne und immer größer und größer werde. Und irgendwann bin ich dann alleine im Bus, weil kein anderer mehr darin Platz findet. Dann ist mein Kopf endlich leer und frei.

Auch hier hat mich die KI wieder unterstützt. So stelle ich mir das bildlich vor.

Hilft das noch nicht, dann nehme ich das Ausdehnen bis ins Weltall. Ich stelle mir vor, alles von oben zu sehen. Ich bin wieder der Ball oder der Luftballon, der sich durch die einströmende Energie ausdehnt, aber nicht platzen kann. Ich bin diesmal rasend schnell ins Weltall unterwegs. Ich sehe mein Zimmer von oben, ich sehe mein Haus von oben, ich sehe das Grundstück von oben, ich sehe meine Straße von oben, ich sehe meinen Ort von oben, ich sehe meine

Gemeinde von oben, den Landkreis von oben, ich sehe mein Bundesland von oben, ich sehe mein Land von oben, ich sehe meinen Kontinent von oben, ich sehe die ganze Welt von oben. Sollte das noch nicht reichen, um Verstand, Gedanken und das Tages-Bewusstsein zum Abschalten und Aussteigen zu bekommen, reise ich noch weiter. Ich sehe die Sonne von oben, andere Planeten von oben, Galaxien von oben, verlasse das Sonnensystem und komme dann schon an den Rand des Universums und sehe immer noch alles von oben. Irgendwo zwischen dem Ende des Sonnensystems und dem Rand des Universums klappt dann endlich die Verbindung und mein Verstand steigt endlich aus, weil er es ab jetzt nicht mehr begreifen kann, was ich da oben genau mache und er weiß, dass er mir nicht mehr beantworten könnte, was genau hinter dem Ende oder dem Rand des Universums liegt, wenn ich ihn fragen würde. Er gibt auf, springt ab und geht zurück zur Erde.

Passenderweise hängt in meinem Büro ein riesiges Bild mit dem Sonnensystem und einer Galaxie, da ich mich schon immer für das Weltall interessiert habe. Das Bild ist aus den 1990-er Jahren und damit schon so alt, dass damals noch der Planet Pluto ein Planet war. Die Eigenschaft als Planet wurde Pluto im Jahr 2006 aberkannt, weil er die Voraussetzungen eines Planeten nicht mehr erfüllte. In meiner Reise ins Weltall ist er aber trotzdem noch als Planet immer mit dabei. Anhand dieses Bildes stelle ich mir meine Reise vor.

Bild vom Sonnensystem, damals noch mit dem Planeten Pluto

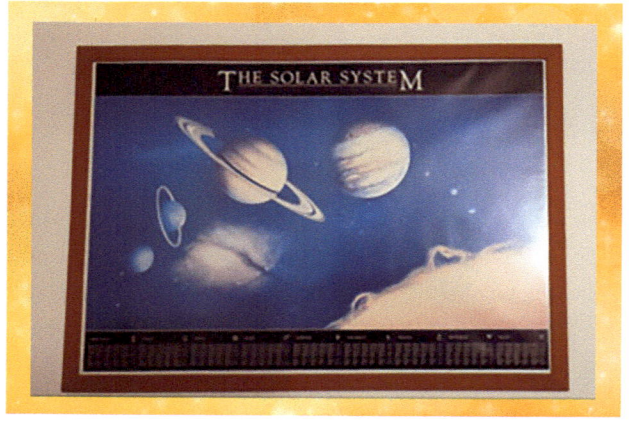

Wenn ich an diesem Punkt angekommen bin, und egal, welchen Weg ich bis hierher genommen habe, weiß ich durch meine Intuition, dass die Verbindung zu meinem Gesprächspartner nun endlich steht. Wenn ich meine Augen geschlossen habe, visualisiere ich das Bild des Tieres vor meinem inneren Auge und konzentriere mich noch einen Moment darauf. Ich öffne dann die Augen wieder und sehe das Tier auf dem Foto, so als würde sich das Tier auf dem Foto bewegen oder manchmal auch nur die Augen. Das nimmt aber jeder anders wahr. Manchmal bewegt sich nichts und die Verbindung steht trotzdem.

BEGRÜSSUNG DES TIERES

Dann stelle ich mich höflich mit meinem Namen bei dem Tier vor, sage ihm, wer ich bin, warum und wieso ich zu ihm gekommen bin, wer mich geschickt hat, und bitte um Erlaubnis für das Gespräch. Danach frage ich, ob die Weitergabe der Botschaften an die Menschen erfolgen darf. Falls das Tier noch einen Moment braucht, um Vertrauen zu mir aufzubauen, warte ich diesen Moment ab. Das hängt immer von der Persönlichkeit und dem Charakter des Tieres ab.

EMPFANGSKANÄLE FÜR DIE BOTSCHAFTEN DER TIERE ÖFFNEN

Die Empfangskanäle für die Botschaften der Tiere sind unsere fünf Sinne. Hören, sehen, riechen, schmecken, fühlen.

In der Ausbildung waren bei jedem von uns die Sinne unterschiedlich ausgeprägt. Die einen sahen etwas in schwarz-weiß, andere in Farbe. Einige hörten nur, ich fühlte anfangs nur und hörte ab und zu Gesprächsfetzen oder nur einzelne Wörter. Wenn ein Satz drei Wörter hatte, die ich aufschrieb, war das schon sehr viel für fünfzehn Minuten Übungszeit. Ich habe am Anfang erst nichts gerochen. Und meine schwarze Leinwand blieb die meiste Zeit schwarz.

Irgendwann erkannte ich hellere Schatten, die sich dann abzeichneten. Ich weiß noch, dass ich mich beim ersten Mal sogar erschrocken hatte. Es fühlte sich so an, als würde jemand mit einer Taschenlampe auf meine geschlossenen Augen leuchten. Vor Schreck machte ich dann die Augen auf und es war alles wieder weg und ich konnte wieder von vorne anfangen.

Aus diesen helleren Schatten wurden dann irgendwann Bilder in Farbe und mit Tonsignal. Dafür konnte ich anfangs sofort fühlen, was ich ja ohnehin schon immer konnte. Ich wusste sofort, wie es dem Tier gerade ging und wie es sich gerade fühlte. Ob es Angst hatte und warum es Angst hatte. Da wir zu den Vor-Ort-Kursen unsere Tiere nicht mitbringen durften, fühlte und spürte ich bei allen Übungstieren sofort, dass sie ihre Menschen vermissten und sie keine Ahnung hatten, wo sich ihre Menschen gerade aufhielten. Ich erklärte es ihnen telepathisch und sie wurden dann ruhiger. Eine Teilnehmerin konnte vor allem gut riechen. Sie hatte dann einen Hund gefragt, was er gerne frisst und was er draußen gerne macht. Die Antworten waren „Pansen" und „im Mist wälzen". Sie hatte viel Spaß mit ihrer Sinneswahrnehmung. Wir auch, als sie es uns erzählte.

Dann wurde uns leider wieder erzählt, dass man es nicht schafft, alle Sinne gleichzeitig empfangen zu lassen und irgendeiner mit Sicherheit nicht funktioniert, weil er nicht angelegt ist. Aber das war wieder nur ein Glaubenssatz und setzte automatisch die Grenze wieder im Kopf und manche Teilnehmer unter Druck. Ich kann bestätigen, dass man alle Sinne als Empfangskanal nutzen kann, wenn man es tatsächlich will und können möchte. Und warum sollte ein Sinn bei uns nicht nutzbar oder defekt sein? Es ist reine Übungssache. Und ich habe solange geübt, bis ich es konnte.

SENDEN UND EMPFANGEN DER BOTSCHAFTEN/ FRAGEN/ANTWORTEN

Ich lese zuerst die Frage laut oder leise oder nur in Gedanken vor. Meistens kommt die Antwort schon, während ich die Frage lese, weil das Tier sowieso schon weiß, was ich fragen will, da ich mich mit den Fragen vorher schon beschäftigt habe, während ich schon in der höheren Schwingung war und das Tier dies bereits alles empfangen hat. Manchmal kommt aber auch keine Antwort, weil das Tier entweder noch nicht bereit ist oder erst Vertrauen fassen muss. Jedes Tier ist anders. Ich gebe dem Tier Zeit und warte einen Moment.

Wenn man allerdings nach ungefähr drei Sekunden keine Antwort bekommt, wird sich unser eigener Verstand wieder einmischen und uns irgendwas schicken, weil er meint, eine Antwort gefunden zu haben, weil unsere Frage diesmal einen Sinn ergibt. Nicht so wie es mit der sinnfreien Frage in der Übung war „Wie riecht mein nächster Gedanke?". Er fühlt sich trotzdem angesprochen, weil zu lange Stille war, obwohl die Frage jedoch gar nicht an ihn gerichtet ist. Unser Verstand schickt uns dann automatisch etwas als Antwort zurück, was schon irgendwie zu der Frage passen könnte, weil er diesmal eine Antwort gefunden hat und freut sich, uns das zu schicken. Auch, wenn es überhaupt nicht der Wahrheit entspricht. Aber die Antwort kam deshalb nicht vom Tier.

Übung macht
den Meister

Um diesen Unterschied rauszufinden, bedarf es wieder nur der Übung. Man fühlt es tatsächlich, ob das der eigene Verstand war oder die Antworten von dem Tier selbst kommen. Aber man versteht es erst, wenn man den Unterschied selbst erst zum ersten Mal erlebt hat. Man kann es nicht so richtig in Worte fassen und beschreiben, man muss es erst selbst erleben.

Wichtig ist auch, dass man anfangs klare und kurze Fragen stellt. Denn nur dann kann man klare Antworten erhalten. Am besten keine „oder" Fragen stellen.

Manche Tiere sind dann verwirrt und wissen nicht, was das bedeuten soll, weil sie sich untereinander auch keine „entweder oder" Fragen stellen.

Und am wichtigsten ist, dass man alles 1:1 aufschreibt, wie es das Tier uns mitteilt. Auch wenn mir als Dolmetscher und Botschafter manches vielleicht komisch vorkommt, kann genau dies aber für den Menschen sehr wichtig sein, weil er mit dieser Antwort etwas anzufangen weiß, wenn auch manchmal erst einige Zeit später. Ich stelle auch keine Antworten der Tiere um, oder ergänze sie, wenn sie beispielsweise in meiner Welt grammatikalisch falsch sind oder Wörter fehlen. Ich lasse die Botschaft exakt so stehen, wie ich sie empfangen habe. Wenn ich etwas nicht ganz verstanden habe, frage ich einfach noch einmal nach.

Ich habe einer Pferdebesitzerin einmal mitgeteilt, dass ihr Pferd vor „laufenden, langen und dünnen Schatten" ganz furchtbare Angst hat, die ihm wehtun könnten. Es brauchte einige Tage, bis sie rausfand, dass das Pferd den Schattenschlag eines Windrades meinte, an dem sie manchmal vorbeiritt. Ein anderes Pferd wollte sich „bei der Frau in der dicken blauen Jacke entschuldigen", die es aus Versehen getreten hatte. Die Frau, die auch zum Stall gehörte, ging unglücklicherweise gerade hinter dem Pferd vorbei, als ein Metalleimer irgendwo scheppernd zu Boden fiel. Es ist zum Glück nichts passiert. Aber da während unseres Gespräches gerade Sommer war, musste die Besitzerin erst überlegen, wer im Winter im Stall eine dicke blaue Jacke trug. Sie kam aber drauf und erzählte dies der Frau. Diese Frau sagte tatsächlich, sie hätte damals schon gedacht, dass dies nicht ihr gegolten hatte, sondern wegen des plötzlichen Geräusches war und sie die Sache schon längst vergessen hatte. Das Pferd aber nicht!

Wenn eine Antwort in Form einer Filmsequenz kommt, weil das Tier dafür keine Worte hat, beschreibe ich diese Filmszene ganz genau und beschreibe jedes Detail, das ich gesehen habe. Ein Pferd schickte mir einmal als Bild einen Honigtopf, wie aus einem Zeichentrickfilm. Der kam mir sofort bekannt vor. Wer jetzt an den Honigtopf von Winnie Puuh denkt, hat denselben Honigtopf gesehen wie ich damals.

Das Pferd hatte irgendwo eine Scheuerstelle und es wusste genau, dass die Besitzerin vor Jahren irgendeinen bestimmten Honig auf diese Stelle aufgetragen hatte. Die Besitzerin erinnerte sich daran, besorgte den Honig und die Scheuerstelle ging innerhalb von Tagen weg. Es ist also jedes Detail wichtig, jedes einzelne Wort.

Wenn ich die Gespräche mitschreibe, schreibe ich immer mit einem „guten" Füller. Also keinem „preisgünstigen" Modell. Man merkt den Unterschied beim Schreiben. Ein Kugelschreiber ist mir zu anstrengend, da ich zu viel Druck ausüben muss beim Schreiben. Manchmal schreibe ich über eine Stunde am Stück. Und mit einem Füller kann man leicht und sehr schnell schreiben, ohne, dass einem danach das Handgelenk schmerzt. Manche nehmen Fasermaler, Bleistift oder Kugelschreiber. Es gibt sogar welche, die tippen es direkt in den Computer ein. Das kann ich wiederum nicht, weil mich das ablenkt und mich der Bildschirm dabei blendet. Aber jeder muss seinen eigenen Weg finden. Manchmal sprechen die Tiere auch so schnell, dass ich kaum noch mitschreiben kann. Dann bin ich froh, dass ich später beim Abtippen meine eigene Handschrift noch lesen kann.

UNTERSCHIED WISSEN UND VERSTAND

Ja, wie oben bereits erwähnt, man muss es tatsächlich erst einmal selbst erlebt haben, damit man den Unterschied selbst spürt. Erst danach wird vielen klar, wie das gemeint ist. Ich werde dann nach einer Erklärung gefragt. Mein Bild dazu ist wie folgt, eine Matheaufgabe.

Was ergibt 3 x 7? Jeder wird sofort WISSEN, dass das Ergebnis 21 ist. Dieses Wissen ist einfach sofort da. Es ist einfach so, unumstößlich. Wenn ich dann aber frage: „Was ergibt 17 x 23?"

Um dies zu berechnen, brauche ich meinen **VERSTAND**. Es dauert also wesentlich länger und am Ende bin ich mir noch nicht einmal sicher, ob das Ergebnis 391 auch richtig ist und rechne lieber noch einmal nach. Und genauso ist es mit der Botschaft auch. Wenn sie sofort da ist und wahr ist, weiß ich es einfach, dass die Botschaft vom Tier selbst kommt. Sobald ich aber erst noch überlegen und warten muss auf eine Antwort, kann ich mir sicher sein, dass mir gerade mein Verstand geantwortet hat und er irgendwas hervorgekramt hat, dass er mir aus irgendeiner Wird-schon-stimmen-Antworten-Schublade geschickt hat, weil er seinen Job erledigen muss, weil zulange Leerlauf im Gehirn war. Später macht man sich darüber keine Gedanken mehr, weil der Verstand dann nicht mehr antworten wird, weil er nicht mehr dazwischen plappert und es akzeptiert hat.

ERGÄNZUNGS- UND VERTIEFUNGSFRAGEN

Sobald ich merke, dass hinter einer Frage noch mehr stecken könnte oder sich noch etwas anderes zeigt, stelle ich von mir aus Ergänzungs- und Vertiefungsfragen. Manche Tiere erzählen nicht gleich alles, was ihnen auf der Seele brennt. Aber wenn ich vorsichtig weiter frage und ich habe immer ehrliches und aufrichtiges Interesse an dem Tier, öffnen sie sich und geben noch weitere, ins Detail gehende Antworten. Auch wenn es für sie manchmal nicht so angenehm ist. Es ist sehr herzzerreißend, was manche Hunde und Katzen in Auffang- und Tötungsstationen erlebt haben oder mir erzählen, wie sie von Menschen wie Müll weggeworfen wurden, ab und zu mal wieder ein Kumpel im Käfig fehlte oder Pferde, die auch trotz Sporen und Gerte nicht anständig vorwärts laufen können, weil ihnen alles wehtut und sie einfach nur steif sind und nicht anders laufen können, weil sie nur im Stall stehen und keinen Auslauf haben und sich nicht selbst bewegen können, wie der Reiter dies gern hätte.

KÖRPER-SCAN

Wenn mir ein Tier daher schon Hinweise auf Schmerzen gegeben hat, biete ich ihm an dieser Stelle hier an, einen Körper-Scan zu machen und in es hineinzuschlüpfen. Wenn es akut ist und ich von dem Besitzer darum gebeten wurde, mache ich das natürlich sofort und gleich als erstes und ändere die Reihenfolge dann entsprechend ab. Den Körper-Scan hatte ich weiter vorne bereits ausführlich erklärt. In diesem Moment bin ich dann das Tier selbst. Ich sehe, rieche, schmecke, fühle und höre wie das Tier selbst. Das, was es in dem Moment zuhause, im Stall, in der Hundehütte oder sonst gerade irgendwo macht, überträgt sich 1:1 auf mich (über unser WLAN-Netzwerk). Ich kann daher genau feststellen, wo etwas wehtut, da ich alle Schmerzen fühle. Ich kann unterscheiden, ob es der Knochen ist, der Muskel, die Sehnen oder Bänder. Welcher Zahn gerade schmerzt, wo die Pfote schmerzt oder der Schwanz oder Schweif nicht beweglich genug ist und vieles mehr.

In der Ausbildung gab es hier auch wieder sehr große Unterschiede zwischen uns. Manche sahen alles nur in hell oder dunkel. Hell entspricht, dass es in Ordnung ist und dunkel bedeutet, dass sich das ein Tierarzt ansehen sollte. Manche sahen nichts, aber fühlten warm oder kalt und gut oder schlecht. Warm für intakte Organe und Muskeln, und kalt für Dinge, die sich der Tierarzt genauer ansehen sollte. Und ich sehe alles wie in einem Biologiebuch. Das ist aber alles wieder reine Übungssache, nichts Außergewöhnliches. Es ist wie mit den fünf Sinnen, die sich bei manchen absolut nicht alle zeigen wollten. Sie haben daran geglaubt, dass es nicht funktioniert. Wenn man es will, dass etwas funktioniert und daran glaubt, dann schafft man es auch. Die Grenze war wieder nur in deren Kopf!

DAS LETZTE WORT HAT DAS TIER

Hier gebe ich den Tieren immer die Möglichkeit, von sich aus noch etwas zu sagen, zu fragen oder zu erzählen. Alles, was ihnen noch am Herzen liegt. Eine persönliche Nachricht an ihren Menschen. Alles, was bis hierher noch nicht ausgesprochen ist und was sie ihren Menschen noch unbedingt mitteilen wollen. Manchmal kommen dabei sogar Aspekte und Ansichten zu Tage, über die sich die Besitzer noch nie Gedanken gemacht haben, aber ihr Tier dennoch bewegt. Es ist also immer noch einmal hilfreich für beide Seiten. Hier geben die Tiere sogar hilfreiche Tipps, was der Mensch besser machen oder ändern könnte oder auch gar nicht mehr machen sollte. Ein Kater hat mir einmal einen kompletten Brief aus dem Tierheim an seine ehemalige Besitzerin diktiert, die ihn leider aus persönlichen Gründen abgeben musste und wissen wollte, ob er gut angekommen ist. Er war ihr nicht böse. Er hat die Situation genau verstanden.

109

Wenn der Mensch es aber nicht annimmt, nehmen die Tiere das so hin. Aber sie wissen dann auch, dass die Kommunikation mit Menschen nichts bringt. Es gibt Tiere, die dann derart enttäuscht sind, dass sie jede weitere Kommunikation mit uns ablehnen.

TRENNEN DER VERBINDUNG

Sobald ich dann alles notiert habe, bedanke ich mich bei dem Tier für unser Gespräch, verabschiede mich und trenne dann die Verbindung zu ihm. Ich logge mich bildlich gesehen, wieder aus seinem WLAN-Netzwerk aus.

MEIN PERSÖNLICHER EINDRUCK UND EMPFINDEN ÜBER DEIN TIER

Direkt danach schreibe ich dann meinen persönlichen Eindruck und mein persönliches Empfinden über das Tier im Zeitpunkt des Gespräches. Dann schreibe ich noch auf, was mir aufgefallen ist, was besonders deutlich oder wichtig war und fasse noch einmal mit meinen eigenen Worten das Gespräch mit dem Tier zusammen. Das dient dazu, dass der Besitzer sein Tier dadurch wiedererkennt und weiß, dass das Gespräch tatsächlich stattgefunden hat.

Nun geht es weiter mit Kapitel 4, in dem ich über häufige Fehler in der Tierkommunikation berichte.

Kapitel 4

FEHLER, DIE BEI DER TIERKOMMUNIKATION UND IM UMGANG MIT TIEREN HÄUFIG GEMACHT WERDEN

Ich weiß, dass diese Fehler häufig in der Kommunikation mit Tieren gemacht werden, da ich sie anfangs alle selbst gemacht habe. Zum einen, weil damals meine Intuition noch nicht so geschult war und ich noch nicht das Wissen von heute hatte. In meinem Jahreskurs in 2019 waren wir insgesamt am Anfang acht Personen. Es kamen nach einem Monat noch einmal vier neue dazu. Letztendlich haben wir dann leider nur noch zu dritt bis zum Zertifikat den Kurs durchgezogen und beendet. Heute ist mir klar, warum das in den einzelnen Fällen so war. Wir haben zwar alle dieselben Fehler gemacht, aber manche konnten ihre Fehler nicht annehmen, weil sie die Tiere dafür verantwortlich machten und so wieder in ihre eigenen Vorurteile zurückfielen und letztendlich in dem Glaubenssatz gefangen waren, dass Tierkommunikation sowieso nicht funktioniert. Deswegen erläutere ich dir hier ein paar Beispiele, wie man es **NICHT** machen sollte:

NR. 1

ZEITDRUCK, STRESS UND HEKTIK

Während meiner Ausbildung mussten wir immer in bestimmten Zeiträumen eine bestimmte Anzahl Tiergespräche führen und unsere Ausarbeitungen zur Überprüfung einreichen. Ich habe das fast nie hinbekommen, weil ich in meinem Büro zu viel zu tun hatte oder bestimmte Fristen zu erledigen hatte. Ich las dann ab und zu den Gruppenchat mit und sah, dass einige schon alles eingereicht hatten, einige immerhin ein paar der Fälle und ich eben noch keinen einzigen. Das setzte mich dann natürlich noch mehr unter Druck und Zugzwang. So fing ich dann immer kurz vor Ende der Einreichungsfrist an, die Liste abzuarbeiten.

Durch den Druck, den ich dann schon durch die Arbeit hatte, kam ich nicht in die nötige Ruhe und Schwingung rein und die Verbindung funktionierte natürlich deswegen nicht. Ich war dann wütend auf mich selbst. Ich vergaß wieder einzelne Schritte des Ablaufes und machte mich immer mehr selbst verrückt. Auf dem Plan stand an diesem Tag ein Gespräch, besser gesagt ein Termin mit Tipsi, den sie mir gegeben hatte. Ich werde es nie vergessen. Ich bekam die Verbindung zwar dann irgendwie hin, aber es fühlte sich trotzdem nicht richtig gut an. Ich sagte dann meinen ersten Satz und wollte gerade meine erste Frage stellen. Sie fiel mir direkt ins Wort und sagte mir ganz direkt und schnippisch: „Hau ab! Heute rede ich nicht mit dir!" und brach die Verbindung ab! Wie beim Telefonieren. Einfach aufgelegt.

Was war passiert? Ich hatte über meine Verbindung zu ihr meine gesamte negative Energie, Ärger, Wut und meinen Stress zu ihr mitgeschickt. Das alles hat sie sofort gespürt. Ich persönlich wollte mich auch mit keinem unterhalten, der genervt, wütend und im Stress ist. Sie hatte also vollkommen Recht, die Kommunikation sofort zu beenden und hat im Sinne ihres freien Willens gehandelt.

Uli wollte am nächsten Tag wissen, wie es gelaufen ist. Ich schrieb es ihr. Sie fand es lustig. Ich nicht so. Und Tipsi war nun mal die Katze, die ihre Termine schließlich selbst vergab. Nun hatte ich auch noch Angst, dass sie mir keinen neuen Termin mehr gab. Dem war zum Glück nicht so. Aber es war mir eine große Lehre. Diese Lektion hatte ich dann verstanden.

Ich bekam dann schon für die nächste Nacht einen Folgetermin. Diesmal klappte alles und ich konnte die ersten beiden Fragen stellen. Ich wollte gerade die dritte Frage stellen, sagte Tipsi: „So, Tschüss, ich muss jetzt weg!" Ich war etwas verwirrt und irritiert und wunderte mich, welche Termine eine Wohnungskatze wohl mitten in der Nacht haben könnte. Ich hatte doch diesmal alles richtig gemacht. Was war denn jetzt schon wieder? Ich notierte mir dann die genaue Uhrzeit, weil ich Uli dann fragen wollte, was passiert war. Sie konnte es mir genau sagen. Zu dem Zeitpunkt fing es an zu regnen und sie wurde vom Regen wach, um festzustellen, dass ihr Dachfenster noch offen war. Sie hatte einfach nur unser Gespräch gestört, weil sie das Licht angemacht hatte und aufgestanden war. Es lag diesmal nicht an mir. Deswegen ist es wichtig, dass man vom Besitzer weiß, wann das Tier gewöhnlich und normalerweise schläft und man es ungestört erreichen kann.

NR. 2

TIERE NICHT IN RUHE LASSEN

Andersherum ist es auch so. Wenn das Tier keine Lust hat, mit dir zu kommunizieren, solltest du es unbedingt in Ruhe lassen. Jedes Tier hat seinen freien Willen und es ist nicht verpflichtet, mit dir zu kommunizieren und deine Fragen zu beantworten. Auch ein Tier darf einen schlechten Tag haben oder einen Ruhetag haben. Zwinge es nicht dazu. Es wird seine Gründe haben. Respektiere diese einfach. Versuche es am nächsten Tag wieder.

NR. 3

SICH NICHT TRAUEN, ETWAS ZU SAGEN ODER ZU SCHREIBEN, WAS DAS TIER GESAGT HAT

In diesem Fall durfte ich auch sehr sehr viel lernen. Ich erzähle es noch genauer weiter hinten im Buch. Egal wie schräg, kurios, seltsam und fremd es einem selbst vorkommt. Schreib alles auf, was dir das Tier gesagt hat. Das kann ich jedem nur raten. Streiche nichts und lösche nichts aus dem Gesprächsprotokoll. Es ist alles wichtig, was du geschrieben hast und manchmal sogar der Schlüssel und Erklärung für seltsames Tierverhalten. Füge auch später nichts mehr hinzu, denn es könnte dann in dem Moment schon wieder dein Verstand gewesen sein und eventuell nicht mehr der Wahrheit entsprechen.

NR. 4

NUTZE NIE DAS VERTRAUEN EINES TIERES AUS.

Wir bekamen die Aufgabe herauszufinden, warum sich in einer Familie die beiden Hunde gegenseitig nicht ausstehen konnten und es jeden Tag Ärger oder sogar eine Beißerei gab. Ich weiß die Lösung zwar nicht mehr, aber ich kann mich noch sehr genau an den Fehler erinnern. Jemand aus dem Kurs kam auf die Idee, durch arglistige Fragen, die Hunde gegeneinander auszuspielen und hatte ihnen erzählt, dass die Halterin vorhatte, einen der Hunde ins Tierheim zu bringen, und fragte dann die Hunde nacheinander, warum der jeweils andere Hund ins Tierheim gehen sollte. Die beiden Hunde fanden das irgendwie raus, was dort abgelaufen war, vielleicht auch durch die anderen Gespräche mit uns, dass da etwas nicht stimmen konnte und fanden das überhaupt nicht respektvoll und vertrauenswürdig. In diesem Punkt waren sich die beiden Hunde jedenfalls einig. Sie beschlossen daher beide, nie wieder mit dieser Teilnehmerin zu kommunizieren. Scheinbar hatte sich dieser Vorfall in Tierkreisen herumgesprochen, denn die Teilnehmerin hörte nach ein paar Wochen plötzlich mit dem Kurs auf, weil sie angab, plötzlich keine Verbindung mehr zu Tieren zu bekommen. Egal, was sie versucht hätte. Und tatsächlich, hörte ich ein Jahr später in einem anderen Kurs über einen ähnlichen Vorfall mit zwei Katzen. Da Tiere untereinander alle verbunden sind, glaube ich das, dass es genau so war. Man muss sich das Vertrauen eines Tieres erst verdienen und sich dessen würdig erweisen.

NR. 5

WARUM KEINE KOMMUNIKATION MIT TIEREN OHNE ERLAUBNIS DER BESITZER?

Wenn man diesen Grundsatz missachtet, kann man viel Schaden anrichten. Sogar, wenn man es nur gut meint. Dem Tier bringt eine Kommunikation in diesem Moment nichts, weil das Gesprächsprotokoll nicht bei dem Besitzer ankommt und dieser davon keine Kenntnis erlangt, wie es dem Tier wirklich geht und was es bewegt und was er besser machen könnte. Das Tier merkt dann irgendwann, dass es alles nichts gebracht hat, was es gesagt hat und verliert dann ebenfalls das Vertrauen in uns und wird nie wieder eine Kommunikation mit uns haben wollen, weil es ihm eben nichts bringt, mit Menschen zu kommunizieren, außer Enttäuschung. Gut gemeint ist nicht immer gut gemacht. Mach das bitte niemals! Ich lehne solche Gespräche ab, weil ich die Folgen kenne.

Wenn ich mit Onyx spazieren gehe, sehe ich das jedes Mal, dass Hunde um Auskunft der Menschen bitten und Hilfe und Schutz suchen. Die Menschen verstehen es aber nicht. Ich darf in dem Moment aber nicht hingehen und sagen: „Sehen Sie denn nicht, dass Ihr Hund...?" Das wäre übergriffig. Und was wäre die Konsequenz? Ich würde genau das Gegenteil erreichen, weil ich ungefragt die Privatsphäre eines anderen verletzen würde.

NR. 6

DIE PERSPEKTIVE NICHT ZU WECHSELN

Ein Kätzchen wurde verzweifelt gesucht. Es erzählte, dass es ganz in der Nähe des Hauses ist, aber vor einer riesigen Mauer steht und nicht hochkommt. Jeder suchte also nur nach einer riesigen und hohen Mauer. Es war aber ganz anders. Das Kätzchen war im Neubau auf dem Nachbargrundstück in einen nur 60 cm tiefen, nicht abgedeckten Lichtschacht gefallen und kam nicht mehr alleine raus vor Angst. Aus seiner Perspektive war es jedoch eine riesige und hohe Mauer. So kann auch eine Treppenstufe eine Mauer für ein Tier sein. Wenn ein Tier berichtet, dass es „nichts" sieht, kann es auch sein, dass es in einer Garage oder in einem dunklen Keller eingesperrt ist. Also denke immer an die Perspektive und jeweilige Augenhöhe des Tieres, mit dem du das Gespräch führst.

NICHT UNGEPRÜFT AUF VORGABEN VON ANDEREN HÖREN

Wenn jemand zu dir sagt, der dir telepathische Tierkommunikation beibringen will: „Du musst mit dem 99 Cent Kugelschreiber schreiben und nur auf kariertem Papier, du musst diese Meditation hören und machen, du musst erst beten, du musst dieses Ritual erst machen, du musst erst trommeln und Götter anbeten, du darfst kein Fleisch mehr essen, weil du sonst nicht mit Tieren kommunizieren kannst, du darfst keinen Kaffee mehr trinken, du darfst keinen Zucker mehr essen, du musst dieses Spray erst versprühen, du musst dich vegan ernähren, etc.", dann prüfe das bitte vorher für dich selbst alles sehr genau, ob das Gesagte für dich tatsächlich stimmig und wahr ist.

Diese angeblichen Bedingungen und „Muss-Vorgaben" um Tierkommunikation machen zu können, passten einfach nicht zu meiner Arbeitsweise, schon gar nicht in mein Leben und standen mir gerade deshalb anfangs sogar im Weg, weil ich dachte, es muss aber doch so sein und stimmen, wenn das die Profis alle sagen und es selbst so tun. Ich zweifelte daher anfangs nicht an deren Vorgaben, Reihenfolgen und Ritualen, sondern immer zuerst wieder an mir selbst und der Tierkommunikation. Bis ich dann wieder in dem Hamsterrad mit den Vorurteilen angekommen war.

Das ging so lange, bis ich irgendwann in meinem Ärger mittendrin bemerkte, weil es mal wieder nicht klappte mit der Verbindung, dass es immer genau dann der Fall war, wenn ich etwas tat, was meiner Intuition und mir im Grunde genommen komplett widerstrebte. Es MUSS nämlich für mich gar nichts sein, nur weil es für jemand anderen stimmt! Finde dies bitte alles selbst für dich heraus, was davon stimmig ist. Ich habe meinen Weg erst gefunden, nachdem ich mich von allen Vorgaben gelöst und befreit habe. Erst dann ging plötzlich alles leichter. Und warum? Weil die Grenze wieder nur in meinem Kopf war! Weil dann der Druck endlich weg war, den mir andere gemacht haben, weil es bei denen doch funktionierte. Dann war ich frei, konnte meinen eigenen Weg finden und es funktionierte dann von selbst, weil meine selbst gesetzte Grenze weg war. Das bringt mich direkt zum nächsten Fehler:

NR. 8

NICHT AUF SEIN GEFÜHL, SEINE INTUITION ZU HÖREN

Fast alle Tierbesitzer geben mir ihren vorgefertigten Fragenkatalog. Ich beende das Gespräch und meine Intuition sagt mir, dass trotz allem immer noch nicht alles beantwortet und immer noch nicht alles gefragt ist. Irgendwo steckt noch mehr dahinter. Ich habe anfangs trotzdem nur die Fragen gestellt, die ich stellen sollte und fühlte mich nach dem Gespräch irgendwie nicht richtig gut. So, als hätte ich noch irgendwas Wichtiges vergessen. Seitdem ich auf meine Intuition vertraue und zusätzlich Ergänzungs- und Vertiefungsfragen stelle, erfahre ich immer noch mehr über die Tiere oder entdecke andere Probleme und neue Wünsche, die sie haben, von denen vorher niemand etwas ahnte und mir die Menschen auch nichts davon erzählten. Und wenn Menschen sagen, das Problem müsste an dieser oder jener Stelle liegen, stelle ich dann oft fest, dass es an einer ganz anderen Stelle liegt. Vertraue also auf deine Intuition. Manchmal habe ich es sogar, dass gleich zu Beginn des Gespräches meine komplette Aufmerksamkeit auf ein Problem gezogen wird oder eine Stelle am Körper, die besonders schmerzt, obwohl ich noch gar nichts dazu gefragt hatte.

NR. 9

KEIN MITLEID HABEN – NUR MITGEFÜHL

Mir war anfangs der Unterschied nicht klar. Für mich war es nur ein jeweils anderes Wort für dieselbe Emotion. Deswegen habe ich es auch immer falsch gemacht. **Mitleid** ist die Anteilnahme an negativ erlebten Gefühlen der Tiere wie beispielsweise Schmerz und Leid.

Mitgefühl jedoch ist die Fähigkeit, die Emotionen eines anderen nachzuvollziehen, sich in die Lage und Gefühlswelt hineinversetzen zu können und die Gefühle nachvollziehen zu können. Das ist also etwas komplett anderes.

> *Wenn ich Mitleid mit dem Tier habe, verstärke ich damit aktiv und automatisch sein Leid und seinen Schmerz, was es für das Tier alles nur noch schlimmer macht.*
>
> *Wenn ich Mitgefühl habe, kann ich mich zwar in seine Lage versetzen, aber kann Lösungswege finden, da ich es aus einer anderen Sichtweise heraus sehen kann und überlege, wie ich ihm helfen kann. Das eröffnet mir damit ganz neue Möglichkeiten.*

Wenn ich zum Beispiel dauernd sage: „Oh du armer Hund. Was tut dir denn weh? Das ist so schlimm, was dir passiert ist. Das ist so furchtbar!" Damit sende ich meine ganzen negativen Emotionen mit zum Tier und verhalte mich so, als würde ich seine Schmerzen selbst auch haben. Aber Tiere sind anders. Sie beklagen sich nicht dauernd. Sie wollen nicht dauernd an ihr Leid erinnert werden. Wenn man einen Wachhund draußen jeden Tag bedauert und Mitleid mit ihm hat, weil seine Pfote verbunden ist und er humpelt, dann wird er irgendwann sagen: „Lass mich doch bitte in Ruhe meine Arbeit machen. Das war ein Arbeitsunfall. Es ist alles gut!" Aktuell hatte ich gerade einen Fall, bei dem ein kleiner Hund aus dem Nichts von einem großen Hund angefallen wurde, der vom Grundstück wegrannte, weil die Tür offenstand, weil in dem Moment Besuch kam. Der Halter hatte bereits mehrere Anzeigen wegen seines Hundes. Der kleine Hund hatte ein paar Bisse abbekommen, aber die waren nicht so schlimm, wie es anfangs aussah, weil sich die Besitzerin gleich todesmutig auf den Angreifer stürzte. Die Besitzerin fuhr gleich mit ihm in die Tierklinik und rief mich später an, ich solle gleich mit dem armen kleinen Hund kommunizieren, weil sie ein schlechtes Gewissen hatte, ihrem Hund nicht geholfen und ihn nicht genügend beschützt zu haben. Der kleine Hund sah das komplett anders. Er sagte: "Mach da jetzt bitte kein großes Ding draus! Es ist passiert. Es geht mir gut. Ja, es tut noch weh, aber das ist nicht so schlimm. Der kam von hinten. Keiner hat das kommen gesehen. Das kam aus dem Nichts! Das stimmt nicht.

Du hast mich natürlich beschützt. Sonst wäre das doch viel schlimmer ausgegangen!" Tiere wollen also kein Mitleid haben, aber Mitgefühl.

Oft erlebe ich das bei Menschen, die einen Hund aus dem Tierschutz oder Tierheim haben. Sie haben verständlicherweise Mitleid, wie es den Tieren dort ergangen ist, falls sie die Vorgeschichte kennen und das Tier tatsächlich traumatisiert ist. Die neuen Besitzer „erdrücken" das Tier aber dann bildlich gesehen mit ihrem Mitleid. Die Tiere können sich genau deswegen von ihrem Trauma aber nicht erholen, weil sie wieder jeden Tag neu daran erinnert werden, dass ja alles so furchtbar ist in ihrem Leben, nun auch noch bei den neuen Besitzern. Besser ist es, wenn man zu ihnen sagt: „So, alles Vergangene ist nun vergangen. Ab heute fängt für dich ein neues Leben bei mir an!" Das ist eine völlig andere Energie, die dann bei dem Tier ankommt und es wird dir dafür sehr dankbar sein. Und man selbst fühlt sich auch besser, weil man nicht dauernd daran denkt, man könnte irgendetwas falsch machen. Man handelt dann nämlich wieder nicht bewusst und dann schaltet sich der Autopilot wieder ein. Dieser lässt dich jeden Tag wieder dieselben Sätze zu deinem Tier sagen, die es aber nicht mehr hören kann und will. Höre auf deine Intuition!

NR. 10

SCHIMPFWÖRTER ZU TIEREN SAGEN

Ich persönlich sage keine Schimpfwörter zu Tieren. Tiere merken sehr genau an der Energie, dass es negativ gemeint ist. Tiere haben wie wir eine Würde, die man nicht verletzen sollte. Ich sage auch niemals „dummer Hund" oder „blödes Vieh" im Spaß, weil Tiere mit Ironie und Zynismus nichts anfangen können, weil sie keine Ironie und auch keinen Zynismus untereinander kennen. Das haben mittlerweile sogar Verhaltensforscher erkannt. Deswegen kommt leider „dummer Hund" oder „blödes Vieh" beim Tier negativ an. Hast du schon einmal einen Hund beobachtet, der ausgeschimpft wird? Fühlt sich das gut an? Und das Tier merkt noch etwas. Es merkt, dass du nicht ausgeglichen bist und die Fassung verloren hast. Rudelführer, die nicht ausgeglichen sind und sich aus der Ruhe bringen lassen, sind keine Rudelführer. Und – das Tier hört dir sowieso nicht zu, weil es gerade Angst hat. Du weißt, Angst hat die Energie 100. In diesem Bereich ist keine Kommunikation möglich. Und das ist eine sehr niedrige Energie und Schwingung. Und wer Angst hat, kann nicht denken und nicht zuhören und ist starr vor Schreck. Das Tier hofft nur, dass das Donnerwetter bald vorbei ist. Und lernen kann man in so einer Situation auch nichts.

Ich hatte trotzdem bis jetzt erst einen einzigen Fall in all den Jahren, bei dem das Tier schlecht über seinen Menschen gesprochen hat und am liebsten von seinem Menschen wegwollte.

NR. 11

INTELLIGENZ ABSPRECHEN

Ich höre das ganz oft von Hundebesitzern. „Der kapiert es nicht, der ist zu dumm dazu!". Viele Menschen machen sich oftmals keine Gedanken darüber, warum irgendetwas nicht funktioniert. Wie soll ein Tier verstehen, was es machen soll, wenn die Kommunikation nicht stimmt? Wenn der Mensch aufgeregt oder wütend ist, kann das Tier seine Gedanken nicht lesen, weil es selbst aufgeregt ist, weil es eben nichts Brauchbares in unserem Kopf lesen kann. Dieser Fehler wird ganz oft noch dadurch verstärkt, wenn der Mensch dann auch noch etwas anderes sagt als er denkt. Er sagt „Komm her" und denkt „Der kommt eh nicht". Wenn der Hund in dem Moment diesen Gedanken gerade liest und empfängt, wird er zu Recht nicht kommen. Dann wird das Tier aber noch mehr beschimpft, obwohl es den Gedanken richtig gelesen hat und versteht gar nichts mehr. Wenn du deinem Tier den Raum und die Zeit gibst, eine Lösung zu finden, wird es das tun. Oder gib ihm einen Moment Zeit, bis alle Beteiligten wieder ruhig sind und probiere es noch mal.

HANDY ODER KOPFHÖRER WÄHREND DES SPAZIERGANGES

In dem Moment, wenn ich beim Spazierengehen ein Handy benutze oder Kopfhörer trage, trenne ich mich von der Außenwelt und dem Tier ab. Ich kann dem Tier keine Informationen mehr liefern und keinen Kontakt mehr halten, und bin für das Tier nicht mehr ansprechbar und nicht mehr erreichbar. Keine WLAN-Verbindung. Unsichere Hunde übernehmen dann automatisch die Führung – obwohl sie es gar nicht können -, aber sie sehen, dass ihr Mensch nicht mehr in der Lage dazu ist, weil er ganz woanders und nicht erreichbar ist. Ein unsicherer Hund, der dann meistens auch noch vor dem Menschen hergeht, wird alles anbellen, was er sieht und an der Leine ziehen, um irgendwie wieder auf sich aufmerksam zu machen, dass hier gerade etwas schiefläuft und er gerade dringend Hilfe vom Menschen braucht. Meistens wird er dann jedoch geschimpft und es wird an der Leine gezerrt. Der Hund lernt jedoch daraus, dass sich der Besitzer nicht für seine Welt interessiert und er sich nicht auf ihn verlassen kann. So entgeht dir eine wunderbare Gelegenheit, die Welt gemeinsam zu entdecken.

Im Feld passiert es mir deswegen mindestens einmal pro Woche, dass Onyx und mir Hunde ohne Besitzer plötzlich in der Kurve oder freiem Feld entgegengerannt kommen, weil die Besitzer gerade telefonieren und nicht auf ihr Tier achten. Wenn diese Hunde dann auch noch aggressiv werden durch ihre Unsicherheit, wird es gefährlich. Ich habe aber keine Angst vor anderen Hunden und Onyx weiß, dass ich das kann. Ich leine ihn schnell an, die Leine kurz, werde dann ganz ruhig, schicke ihn hinter mich und übernehme die Situation für ihn. Dadurch bleibt Onyx ebenfalls ganz ruhig stehen, ist aber trotzdem bereit, mich zu verteidigen, wenn es drauf ankommt und ich kann mich dann gleich auf den anderen Hund konzentrieren. Ich rede ruhig mit dem Hund, stelle mich ganz normal und locker hin, mache erst ein Stopp-Zeichen und dann zeige ich mit der ausgestreckten Hand im ca. 45 Grad Winkel zum Boden und rede freundlich und ruhig weiter und schaue den Hund weiterhin an, direkt in die Augen, weil ich ja Kontakt zu ihm haben will. In dieser Zeit scannt meine Intuition den Hund und ich weiß, wie er sich verhalten wird. Die Hunde sind dann irritiert, weil sie es nur kennen, dass sie dann von aufgeregten Menschen angeschrien werden. Und sie merken, dass ich mit ihnen kommunizieren kann, weil meine Energie bei ihnen ankommt. Jedenfalls bleiben die Hunde stehen, manche laufen auch erst einen Kreis um uns rum, ungefähr in zwei bis drei Metern Abstand, ob ich das wirklich ernst meine. Ja, meine ich. Dann drehen wir uns ebenfalls mit. Meistens gibt der Hund nach einer Umdrehung auf und läuft wieder weg. Aber bitte bitte nicht nachmachen! Das ist meine eigene Methode, die ich für mich gefunden habe. Dafür braucht man erst das Wissen um die Funktionsweise von Energie, Intuition und Tierkommunikation.

Die Besitzer bekommen diese Vorfälle meist gar nicht mit, weil es viel zu schnell geht oder immer noch telefonieren. Wenn sie es mitbekommen, entschuldigen sie sich. Aber ich belehre niemanden ungefragt, bleibe weiterhin ruhig und zeige ihnen auch nicht ihr Problem auf. Ich wünsche dann noch einen schönen Tag.

Einmal wurde es sogar so skurril, dass ich noch helfen musste, den anderen Hund wieder einzufangen, weil die Frau die nasse Schleppleine auf der nassen Wiese nicht zu fassen bekam, die sie sich vom Hund aus der Hand reißen ließ und der Hund mehrere Kreise um uns lief. Irgendwann konnte ich dann auf die Leine drauftreten und ihr die Leine wieder zuwerfen, damit sie sich ihren Hund wieder angeln und wir endlich weiter gehen konnten.

Ein anderes Mal ist es mir sogar mitten im Dorf passiert. Der andere große Hund bellte aufgeregt, als beide um die Kurve kamen und uns sahen, und die Frau ließ vor Schreck die Leine fallen, wie sie danach zu mir sagte. Der Hund rannte direkt auf uns zu. Gut, dass Onyx schon angeleint und bei mir war.

Ich gehe mittlerweile zu anderen Zeiten raus, damit mir diese Leute nicht mehr begegnen können. Denn auch ich möchte einfach nur ganz entspannt und un-behelligt mit meinem Hund spazieren gehen. Ich bin überzeugt davon, dass es weniger Beißvorfälle geben würde, wenn sich die Halter nicht durch ihr Handy oder Kopfhörer ablenken lassen würden und mit ihrem Tier mehr im Kontakt sind.

NR. 13

NEGATIVE GLAUBENSSÄTZE HABEN

Solange man negative Glaubenssätze in sich trägt, wird die Tierkommunikation nicht funktionieren, da man sich damit selbst im Weg steht, ohne es zu wissen oder es zu bemerken. Man wird sich jedoch bei jedem Fehlversuch leider immer sofort bestätigt fühlen, dass Tierkommunikation nicht funktioniert. Aber dies wiederum passiert nur aus dem Grund, weil sie aufgrund der negativen Glaubenssätze nicht funktionieren kann und sich dann der Verstand sofort einschaltet, alles blockiert und dir unglücklicherweise dann auch noch Recht gibt, dass es nicht funktioniert. Willkommen im Hamsterrad!

Manche Profis behaupten, (siehe auch die genannten Beispiele zu Fehler Nr. 7) unter anderem, dass Tierkommunikation nicht möglich ist, wenn man selbst Fleisch isst. Dem ist nicht so, weil dies wieder nur ein weiterer Glaubenssatz ist. Nutztiere haben nicht nur mir, sondern auch schon anderen Teilnehmern erzählt, dass sie sehr genau wissen, warum sie hier auf der Welt sind und worin ihre Lebensaufgabe letztendlich besteht. Sie haben auch kein Problem damit, für uns zu sterben, damit wir leben können. Das einzige Problem, welches sie damit haben, ist die teilweise sehr schreckliche Art und Weise, wie wir mit ihnen dabei umgehen. Sie bekommen das alles mit, wenn ihre Artgenossen abgeholt werden. Sie wissen, wohin ihre letzte Fahrt geht. Sie fühlen es spätestens an der Hofeinfahrt. So wie sich der verängstigte Hund vor einer Tierarztpraxis fühlt.

NR. 14

ANSICHTEN, BEWERTUNGEN, VORURTEILE

Solange man Ansichten, Bewertungen und Vorurteile gegenüber einem Tier hat, wird es nicht mit dir kommunizieren. Wenn du über den Dackel denkst, dass es allgemein ein „Wadenbeißer" ist, den Schäferhund als „gefährlichen Hund" abstempelst und einen von seinem Besitzer fett gefütterten Labrador als „Oh, ist der fett und hässlich" bezeichnest, kannst du nicht erwarten, dass diese Tiere dann mit dir reden werden. Du hast dir von vornherein schon ein Urteil über dieses Tier gebildet, deinen persönlichen Stempel draufgedrückt -ob es stimmt oder nicht - und das Tier in eine bestimmte Schublade gesteckt. Diese Schubladen hat unser Verstand extra für uns eingerichtet. Er pflegt und kultiviert diese mit sehr viel Hingabe und wird immer wieder neue Schubladen anlegen, wenn wir das mit unserem unbewussten Denken, unserem Autopiloten, zulassen. Dies ist so, damit wir mit der Abarbeitung unserer Vorurteile immer schneller werden und nicht lange überlegen müssen, wer in welche Schublade wohl reinpassen wird.

Warum sollte das Tier dann mit dir kommunizieren? Das ist respektlos. Es braucht es auch gar nicht, weil du deine Meinung schon vorher über das Tier hast und damit seine Würde verletzt. Es geht in der Tierkommunikation ausschließlich um Achtung, Wertschätzung und Respekt und Gesprächen auf demselben Level. Denke immer daran, dass die Tiere schon alles können. Kein Tier ist von Geburt an ein Wadenbeißer, gefährlich oder fett. Es sind die Menschen, die dies aus den Tieren machen. Und dann geben sie die Schuld dafür dem Tier. Ich lehne daher nie ein Gespräch mit einem Tier ab, nur weil es gefährlich, fett, hässlich, bissig, giftig ist, sich häutet, acht Beine hat oder sonst irgendwie nicht in unser normales Bild passt. Bei mir sind alle Tiere gleich. Deswegen verstehe ich nicht, dass sich einige Berufskollegen nur auf Hunde, Katzen oder Pferde spezialisieren. Wenn ich ein Tier bewerte, kann ich von ihm nichts empfangen, weil mein Stempel dann schon drauf ist und ich keine andere Meinung mehr zulasse. Ob der Stempel stimmt oder nicht. Aber ich werde die Wahrheit nie herausfinden.

Mir fällt dann immer der Spruch von Albert Einstein ein. Es ist aber nicht belegt, ob er dies wirklich jemals gesagt hat. „Jeder ist ein Genie! Aber wenn Du einen Fisch danach beurteilst, ob er auf einen Baum klettern kann, wird er sein ganzes Leben glauben, dass er dumm ist." Und so ist es auch mit einem Tier. Wenn ich es in eine Schublade stecke, werde ich nie herausfinden, was es wirklich kann oder welches Potential in ihm steckt, dass es aber nicht zeigen kann, weil ich es gar nicht sehen will, weil ich mir das unverrückbare Bild schon gemacht habe.

ANDEREN NICHT DEINE LEBENSWEISE AUFZWINGEN

Ich war einmal auf einem Vor-Ort-Seminar an einem Wochenende mit Feiertag dazwischen. Das einzige „Hotel", dass ich finden konnte, war vier Kilometer entfernt und entpuppte sich als in die Jahre gekommener Gasthof an einer Hauptstraße. Ich wunderte mich noch, dass ich der einzige Gast war, Handyempfang gab es nur auf dem Balkon. Als die Wirtin mir mein winziges Doppelzimmer zeigte, bat sie mich, bitte nur das rechte Bett zu benutzen, da das linke erst frisch bezogen wurde. Wenn es im Bad tropfte, war es nicht die Dusche, sondern das undichte Dachfenster. Ich musste aufpassen, dass ich nicht ausrutschte, weil es öfters regnete.

In der Kursbeschreibung stand, dass für Verpflegung gesorgt ist. Das war gut so, denn es gab weit und breit keine Geschäfte, die freitags noch geöffnet hatten, wenn wir mit dem Seminar abends fertig waren und Samstag der Feiertag war. Was aber keiner von uns vorher wusste, dass damit ausschließlich vegane Verpflegung gemeint war und es auch keinen Kaffee in der Pause geben wird, wie sich später herausstellte, weil man lt. Glaubenssatz keine Tierkommunikation machen kann, wenn man Kaffee trinkt und Zucker isst. Die Veranstalterin teilte dies leider erst in ihrer Begrüßungsrede mit, weil es für sie natürlich selbstverständlich war so zu leben, was wir Fleischesser, Kaffeetrinker und Zuckeresser aber nicht alle gut fanden. Bei den Getränken erwähnte sie nur Leitungswasser und Tee.

Mein Verstand schaltete sich kurz ein, weil er wieder in der Kiste mit den Vorurteilen kramte und sagte zu mir: „Du bist schon wieder an zwei falschen Orten, an denen du besser nicht sein solltest du Idiot! Fahr nachhause, solange du es noch kannst!" Ich nickte gedanklich. Die Dozentin begründete unsere teils irritierten Blicke damit, dass Tierkommunikation bei Fleischverzehr und Kaffeekonsum nicht möglich ist. Da ich noch ganz am Anfang der Ausbildung stand, glaubte ich ihr das ungeprüft. Sie war der Profi, ich das kleine Licht. Bis ich es später besser wusste. Perfekt für meinen Verstand. Solange konnte ich dann die Schuld auf mein Trink- und Essverhalten schieben, falls die Tierkommunikation in diesem Kurs auch wieder nicht funktionieren würde.

Die für mich bis zu diesem Zeitpunkt nie vorher ausprobierte Ernährungsart bekam mir ganz und gar nicht. Nach dem Mittagessen quälten mich Kopf-, Magen- und Darmschmerzen. Ich konnte mich nicht mehr richtig konzentrieren. Weil ich auch nicht weiteressen konnte, füllte ich den Rest meines Magens mit Leitungswasser auf, hatte aber trotzdem noch den ganzen Tag Hunger. Zum Glück ging es mir nicht alleine so. Als der Kurs abends zu Ende war, ich an den bereits geschlossenen Lebensmittelgeschäften vorbeifuhr, erfuhr ich nach vier Kilometern auch noch, dass mein Gasthof heute Ruhetag hatte. Handyempfang nur auf dem Balkon und bei schlechtem Wetter auch schon mal gar nicht. Ich bat das Navigationsgerät in meinem Auto, mir irgendwas zu suchen, wo man um diese Uhrzeit noch etwas zu essen bekam. Ja, in 10 km war die nächste Gaststätte. Ich habe mich noch nie so sehr auf warmes Essen und Kaffee gefreut.

Am zweiten Tag im Gasthof lagen für mich drei abgezählte Brötchen bereit, da ich immer noch der einzige Gast war. Ich habe eins gegessen, die anderen geschmiert und mitgenommen, sonst wäre ich verhungert. Heute war der Feiertag. Kurz vor meinem Zimmer riss die dünne Serviette. Brötchen, Honig, Wurst, Butter und Marmelade lagen dann erst noch auf dem Gang. Zum Glück waren es Fliesen, kein Teppich. Aber immerhin gab es dann abends im Gasthof warme Küche.

Dann wollte die Kursleiterin noch von jedem Teilnehmer insgesamt 30 Euro extra haben – für die Verpflegung, obwohl davon auch nichts in dem Flyer erwähnt wurde. Es gingen wieder alle davon aus, dass das inbegriffen war. Ich habe ihr nur zwanzig Euro gegeben. Zehn Euro für gestern und fünf Euro für das Leitungswasser heute und fünf Euro für das Leitungswasser morgen und zeigte ihr meine ramponierten Brötchen. Ich war ab heute Selbstversorger. So geht man nicht mit zahlenden Kunden um!

Aus diesem Fehlgriff lernte ich jedoch wieder wichtige Lektionen. Zwinge nie jemandem deine eigene Ernährungsweise und Lebensweise auf. Nicht jeder mag oder verträgt das, was du verträgst und täglich isst. Behaupte nie, dass Fleischesser, Kaffeetrinker und Zuckeresser von der Tierkommunikation ausgeschlossen werden. Es stimmt einfach nicht. Es ist wieder nur ein Glaubenssatz und die Grenze setzt du dir wieder selbst in deinen Kopf. Glückwunsch. Und wer sich einen Glaubenssatz zur Wahrheit macht, ungeprüft übernimmt, für den gilt er selbstverständlich auch. Wer mich kennt, weiß, dass ein Leben ohne Kaffee, Kuchen, Süßigkeiten und Fleisch zwar möglich ist, für mich aber sinnlos ist.

Und im Umkehrschluss dürften eigentlich dann Tiere, die selbst Fleisch fressen, auch keine Tierkommunikation können?! Weder Raubtiere, noch Hunde und Katzen. Zudem würden Wildtiere alle verhungern, weil sie dann nicht mehr in der Lage wären, in einem Rudel zu jagen, weil sie nicht mehr miteinander kommunizieren könnten. Und Bienen könnten es nach dieser Theorie dann ebenfalls nicht. Die essen den ganzen Tag nur Zucker. Es macht einfach keinen Sinn und man steht sich wieder nur selbst im Weg und lässt sich von anderen verwirren, weil man im guten Glauben ist und vertraut.

Sollte ich irgendwann mal einen Vor-Ort-Kurs veranstalten, dann ganz sicher in einem gut ausgestattetem und gut erreichbaren Tagungshotel mit sehr gutem Handyempfang, WLAN, Vollpension, Kaffee, Kuchen, vegetarischen und veganen Speisen und allen üblichen Getränken. Jeder ist willkommen.

NR. 16

FEHLER NR. 16: NUR ÜBER DAS REDEN, WAS MAN NICHT KANN

In unserer Jahresausbildung bei den regelmäßigen Treffen alle drei Monate, hat jeder immer nur erzählt, was er NICHT kann. Nie hat jemand davon gesprochen, was er kann und was er schon alles geschafft hat. Ich habe deswegen lange Zeit nicht begriffen, dass ich nicht an den schweren Aufgaben gescheitert bin, sondern an den leichten Aufgaben. Und das nur, weil ich den Wald vor lauter

Bäumen nicht mehr gesehen habe. Konzentriere dich auf das, was du kannst. Nicht auf das, was du noch nicht kannst! Tiergespräche zu führen, war für mich kein Problem. Ich bin vorher schon am Aufbau gescheitert, wenn ich mal wieder einen Schritt vergessen hatte und mich deswegen selbst wieder rausgebracht habe und nur an das gedacht habe, was ich nicht kann und wahrscheinlich doch zu dumm dazu bin und mich von meinem Verstand dann wieder negativ beeinflussen ließ, anstatt ihn endlich zurechtzuweisen. Denkt man aber an das was man kann, kommt automatisch das Selbstvertrauen dazu. Und dann macht es Spaß, immer mehr zu lernen. Dann geht es erst richtig los!

NR. 17

LECKERCHEN WÄHREND DES SPAZIERGANGES

Wenn Tiere darauf dressiert oder konditioniert werden, nur um etwas für oder wegen eines Hundekekses zu machen, kann keine echte telepathische Kommunikation mehr stattfinden. Die Tiere kommunizieren nicht mehr mit uns und fallen aus der „Funkfrequenz" raus. Keine Kommunikation mehr möglich, weil sich alles nur noch um den Keks dreht. Mir ist das schon öfters mit Onyx passiert, wenn andere Hundebesitzer ein Stück mit uns gehen wollten. Sobald die anderen Hunde einen Keks bekamen und Onyx dies bemerkte, dass es da etwas zu holen gab, hörte er sofort auf selbständig zu denken und ging bei wildfremden Leuten sogar Fuß, was er sonst nie gemacht hätte.

Ich bin dann einfach mal stehengeblieben, um es zu testen, während die Gruppe weitergegangen ist. Er hat nicht einmal bemerkt, dass ich nicht mehr da war. Erst, als alle Kekse verteilt waren und er sein Gehirn wieder benutzte und Funkkontakt aufnahm, weil ich nicht mehr da war und er mich nicht mehr sah. Ich habe es mehrmals ausprobiert, um einen Zufall ausschließen zu können. Es war jedes Mal dasselbe Ergebnis. Und es gab dann auch noch „Spätfolgen". Noch ein oder zwei Tage später blieb er immer sofort stehen oder kam zu mir, obwohl ich gar nichts von ihm wollte, und er nur den Reißverschluss meiner Jacke gehört hatte. Ich habe dann extra den Reißverschluss immer noch solange auf und zu gemacht, bis er nicht mehr darauf reagiert hat und das Programm wieder gelöscht war, und habe solange jedes Mal gesagt, dass er doch wüsste, dass ich nie Kekse dabeihätte, wenn wir unterwegs sind. Ich möchte mich nicht zu einem Futterautomaten degradieren lassen, bei dem der Hund nur den richtigen Knopf drücken muss, damit dieser funktioniert.

Bei mir gibt es natürlich auch Hundekekse und Belohnungen. Aber nur zuhause, nie unterwegs und nie als Belohnung und Gegenleistung für Dressur oder Konditionierung. Sondern als echte Wertschätzung und Anerkennung, dass wir draußen eine tolle Zeit miteinander verbracht haben. Und ich möchte auch nicht, dass ein Tier nur wegen eines Kekses zu mir kommt oder wegen eines Geräusches von einem Reißverschluss, sondern, dass es wegen mir kommt und dass es das dann gern und freiwillig macht, wenn ich es rufe.

Ich habe es inzwischen aufgegeben, dies den Leuten zu verbieten, wenn sie mit uns gehen. Sie wissen es nicht besser, sagen dann: „Der arme Onyx darf ja gar nichts!" und müssen erst selbst die Erfahrung machen, dass es ohne Kekse sogar viel besser geht. Ich lasse Onyx dann seinen Spaß mit dem Futterautomaten und bleibe auch nicht mehr stehen und freue mich einfach für ihn, wie gut er Menschen dressieren kann. Mittlerweile sehe ich sogar den Moment an seinem Verhalten, indem die Funkverbindung abreißt. Er ist dann wie fremdgesteuert, nur noch auf den Keks fokussiert und bekommt nichts mehr von seiner Umwelt mit.

NR. 18

NICHT ANZUFANGEN MIT DER TIERKOMMUNIKATION

Ich habe viele zusätzliche Kurse gemacht, um mir alles an theoretischem Wissen anzueignen, was ich finden konnte. Aber was bringt das ganze Wissen, wenn man es nicht praktisch umsetzt und nicht mit den Tieren kommuniziert? Ich habe anfangs viel zu lange gezögert, die Tierkommunikation selbst anzuwenden und einfach anzufangen. Ich wollte immer besser und perfekter werden, weil ich immer dachte, ich wäre noch nicht gut und weit genug, um mit Tieren zu sprechen. Irgendwann begegnete mir dann ein Zitat von Thomas Alva Edison. „Es ist besser unvollkommen anzupacken, als perfekt zu zögern." Da dieser sich auch mit Elektrizität, und somit mit fließender Energie beschäftigt hat, haben wir sogar etwas gemeinsam. Wir können Elektrizität und Tierkommunikation nicht erklären, aber sie funktionieren trotzdem. Die Grenzen sind nur in unserem Kopf.

Dieses Buch hier wollte ich eigentlich schon im Jahr 2021 schreiben. Aber irgendetwas kam immer wieder dazwischen. Ich habe jetzt also lange genug perfekt gezögert. Diesen Fehler mache ich nicht mehr.

Jetzt habe ich genug über Fehler berichtet, jetzt komme ich zu den Praxistipps.

PRAXISTIPPS

Auch hier weiß ich aus eigener Erfahrung, dass dies alles am Anfang schwierig ist, diese ganze Materie von der Theorie komplett und alleine in die Praxis umzusetzen. Weil man eventuell noch Vorbehalte hat, negative Glaubenssätze, wie zum Beispiel, ich kann es doch sowieso nicht. Sich Gedanken darüber machen, was Andere plötzlich von einem denken könnten, Angst haben zu scheitern, etwas falsch zu machen, dem Tier zu schaden, sich nicht zu trauen. Ich habe mich immer davor gefürchtet, mich vor der gesamten Gruppe zu blamieren. Aber das war wieder nur ein weiterer Glaubenssatz. Wir haben alle zusammen bei null angefangen. Logischerweise waren dann irgendwann welche dabei, die das dann schon toll konnten und ich noch gar nicht. Der Unterschied war aber nur der, dass sie einfach losgegangen sind und es versucht haben, während ich immer noch an den Grundlagen verzweifelte, weil ich es einfach nicht probierte und dadurch den nötigen Mut nicht zusammenbekam.

Und umso weiter die anderen kamen, desto frustrierter war ich dann. Und wenn man frustriert ist, kann man keine Tierkommunikation machen, da sie dann mit dieser Einstellung nicht möglich ist. Irgendeine Ausrede habe ich dann immer gefunden. Das war im Nachhinein auch nicht weiter verwunderlich, denn für die Aufgabe „Finde eine Ausrede!", ist schließlich der Verstand zuständig, der alles blockiert. Und der will mich schließlich vor dem ganzen Quatsch schützen. Er meint es nur gut, weil er mich vor weiteren Enttäuschungen schützen will, die ich aber nur dann erleben werde, weil ich es nie versuche. Und so fahre ich immer im Kreisverkehr weiter, anstatt einfach die nächste Ausfahrt zu nehmen. Du weißt ja mittlerweile, wo die Grenze ist...

MUT

Als erstes brauchst du Mut (200), wie dies schon in der Tabelle weiter vorne dargestellt wurde. Mut ist der Einstieg in die höhere Schwingung, in die Veränderung und in den Schöpfermodus. Der Rest ergibt sich durch Übung.

Wenn du dich noch nicht traust, das erste Gespräch zu führen, dann arbeite erst an deiner Einstellung zu dem Ganzen. Am Fundament. Denke die richtigen positiven Gedanken. Denke an das Ziel, nicht an den Weg. Der Weg ergibt sich automatisch.

ZUSAMMENSEIN MIT TIEREN, BEOBACHTEN VON TIEREN

Da ich noch keine eigenen Tiere habe, aber die Ausbildung begonnen hatte, hatte ich meine Schwester immer gefragt, ob ich mit Onyx rausgehen darf. Am Anfang war es sogar so, dass Onyx überhaupt nicht mit mir rausgehen wollte. Er zerrte mich dann einfach erstmal hinter sich her und ging wieder zurück, sobald er meine Schwester nicht mehr an der Straße stehen sah, die uns hinterher schaute, ob das mit uns klappte. Und das waren keine 30 Meter. Er hatte gemerkt, dass ich völlig unsicher war, Chaos in meinem Kopf und in meinen Gedanken hatte, nur immer an das Schlimmste dachte und traute mir im Grunde genommen gar nicht zu, mit so einem großen Tier alleine rauszugehen, welches dazu noch gewohnt war regelmäßig Siegerpokale zu sammeln, alles konnte und sein Leben absolut im Griff hatte. Also hat er meinen Gedankensalat schon gelesen und hat sich gedacht „Mit so einem unsicheren Menschen gehe ich nicht raus! Der kann mich nicht führen!" Ich habe es dann einfach solange probiert und schon vorher meine

Gedanken sortiert, bis Onyx dann von alleine zu mir kam und sich riesig freute, und meine Schwester nicht mal mehr mit zur Haustüre zu gehen brauchte.

Verbringe also bewusst Zeit mit deinem Tier und sortiere schon vorher deine Gedanken. Das Vertrauen des Tieres muss man sich erst erarbeiten. Man bekommt es nicht gleich geschenkt. Hilfreich war für mich auch, alle Tiere einfach nur zu beobachten und zu analysieren. Vor allem deren Körpersprache. Wie verhalten sie sich, wenn ihnen etwas nicht passt? Katzen maunzen sofort verärgert, wenn ihnen etwas nicht passt. Hunde gehen meistens weg von uns, Pferde auch. Wie zeigen sie dir, wenn sie etwas von dir wollen? Wie zeigen sie anderen Tieren, was sie wollen und was sie nicht wollen? Wenn Onyx aufgeregt zu mir kommt und gleich wieder wegrennt, weiß ich oder merke ich, dass er mir etwas zeigen will. Ich frage ihn dann einfach: „Was willst du mir zeigen?" Es kann sein, dass er in den Garten will und ich ihm die Türe aufmachen soll, er mit mir rausgehen oder spielen möchte. Bei Katzen funktioniert das auch. Es ergeben sich dieselben Antwortmöglichkeiten. Man muss sie einfach nur fragen. Sie zeigen es dir, was sie möchten und brauchen.

FREUNDLICH UND EINLADEND SEIN

Wenn man mit Tieren zusammen ist, sollte man stets darauf achten, freundlich, positiv, ruhig und einladend zu dem Tier zu sein. Das hat natürlich seinen Grund. Diese Freude braucht man, um in die höhere Schwingung für die Kommunikation zu kommen.

Wenn uns jemand mit oder ohne Hund entgegenkommt, grüße ich freundlich und grundsätzlich zuerst. Dabei sende ich nämlich gleich mehrere Informationen aus. Mein Hund weiß, ich habe den anderen Menschen und/oder Hund bemerkt, ich bin ruhig, ich habe alles im Griff. Der andere Mensch und/oder Hund merkt, wir sind freundlich und von uns geht keine Gefahr aus.

Werden wir schon vorher angebellt, grüße ich trotzdem, damit mein Hund weiß, dass unser Team auf jeden Fall ruhig bleiben wird und kein Grund für ein zurück bellen besteht.

TIERE UM HILFE BITTEN

Wenn man Tiere als Lehrmeister betrachtet, was sie natürlich auch sind, und ihnen die Wertschätzung, Anerkennung und Respekt mitteilt, sich darauf einlässt und dafür öffnet, bringen sie einem unglaublich viel bei. Ich glaube, das Wort Demut trifft es ganz gut. Demut muss man haben. Wenn die Kommunikation noch nicht so gut klappt, zeigen sie uns, was man machen muss oder erklären es. Sie können das ja alles schon. Manche Tiere sind sogar entsetzt über uns Menschen, dass wir ihre Sprache nicht sprechen. Sie gehen sogar davon aus, dass wir das alle können. Umso mehr freuen sie sich, uns diese Sprache beizubringen. Ich habe die Tiere während meiner Übungsaufgaben immer gefragt, was ich noch besser machen kann. Sie wissen immer einen Rat. Tipsi erklärte es genauer und ausführlicher, Onyx schon mal mit einem Wort. Ein Spatz sagte mir einmal, dass ich erst alles einmal von oben sehen müsse, um alles zu verstehen. Er hatte Recht. Er sah immer alles von oben, wenn er unterwegs war. Ich sah immer nur das Teilstück, auf dem ich mich befand, nie die Einheit. Und auch nie das gesamte Puzzle von oben, wie ich es weiter vorne schon beschrieben hatte.

TIERGRUPPEN BEOBACHTEN UND VON IHNEN DAZULERNEN

Ich bin öfters ins Feld gegangen und habe Kühe, Pferde und Schafe einfach nur beobachtet. Wie gehen sie miteinander um? Wie kommunizieren sie untereinander? Mir ist erst später aufgefallen, dass jede Herde ihre spezielle Struktur hat. Darüber habe ich mir nie Gedanken gemacht. Auch eine Herde funktioniert nur, wenn alle mitdenken und ihre Aufgaben übernehmen und ausführen. Jedes Tier hat immer eine bestimmte Funktion zum Wohle des Ganzen. Keine Position ist unwichtig oder schlechter als die andere.

VON KLEINKINDERN LERNEN

Kleinkinder sind noch mit allem verbunden. Ich habe nur jüngere Geschwister und war damals die meiste Zeit von ihnen genervt. Heute ist es so, dass ich mit meiner sechsjährigen Nichte manchmal Gespräche führe, dass ich denke, sie sei ein Universalgelehrter. Ich interessiere mich für ihre Welt und sie sich für meine. Sie sagt dann Sätze, die der Rest der Familie noch nie von ihr gehört hat. Sie hat eine klare Meinung über den Tod und das Leben, wie vieles auf der Welt funktioniert, warum es nicht funktioniert und ist unglaublich empathisch. Sie sagt über jedes Tier etwas Gutes und Nettes. Sie merkt, wenn es anderen Menschen und Tieren schlecht geht. Sie macht sich Gedanken, ob die Kühe im Sommer genug Wasser auf der Weide haben und einen Unterstand gegen die sengende Sonne haben. Wenn ich mich am Papier geschnitten habe, fragt sie noch Tage später, ob alles wieder gut ist. Sie gießt Blumen, füttert die Vögel und bedankt sich bei unserem Bewegungsmelder, wenn dieser extra für uns beide angegangen ist, damit wir wohlbehalten die Treppe zur Wohnung hochkommen. Wenn ich mit ihr und Onyx spazieren gehe, will sie ihn auch ab und zu mal an der Leine nehmen. Ich soll ihn dann aber erst „einfangen", weil er immer vor uns läuft, weil er den Weg für uns sichert und auf uns aufpasst. Wenn er dann an der Leine neben ihr geht, geht er extra langsam und sehr aufmerksam, obwohl er sie mit Leichtigkeit umwerfen könnte. Beide kommunizieren miteinander.

Letzte Woche hatte Onyx ihr ein Schokoladen-Ei aus der Hand genommen, weil sie es ihm wohl zu verführerisch hingehalten hatte und nicht bedacht hatte, dass Hunde keine Schokolade fressen dürfen. Sie hat sich drei Tage später Sorgen um Onyx gemacht und gefragt, ob er nun sterben würde. Nein, er ist nicht gestorben.

Wenn ich Stress in meinem Büro hatte und sie mich dann fragt, ob sie zu mir kommen kann, dann ist der Stress nach kurzer Zeit vergessen. Und man darf Kinder nie auslachen, wenn sie eine für uns dumme Frage stellen. Wenn sie es nicht wüssten, würden sie uns nicht fragen. Ein fast gleichaltriges Kind hatte ihr mal erzählt, dass die Flugzeuge abends am Himmel Ufos sind. Dieses Kind glaubt jetzt schon seinen Glaubenssatz selbst und hat deswegen Angst abends rauszugehen, wenn es dunkel wird, weil es ihm keiner erklärt und den Glaubenssatz wieder löscht. Meine Nichte brachte mir diesen Glaubenssatz dann mit. Ich habe ihr im Internet Fotos von Flugzeugen bei Tag und bei Nacht gezeigt. Am Kondensstreifen hat sie dann erkannt, dass es keine Ufos sind, sondern tatsächlich Flugzeuge. Jetzt erkennt sie an den Positions-lichtern, wo sich rechts, links, vorne und hinten befindet, kennt den Unterschied zwischen Sternen und Satelliten und bittet mich, abends mit ihr „Flugzeuge zu gucken". Sei also wie ein Kind. Finde diese kindliche Neugierde wieder in dir. Lasse dich darauf ein. Gehe an alles was du tust, mit dieser kindlichen Leichtig-keit, Selbstverständlichkeit und Freude heran. Freue dich, wenn du dein Wissen teilen kannst und freue dich, wenn der andere gern von dir lernt. Wenn du et-was nicht weißt, dann frage jemanden. Mit dieser Lebenseinstellung kommst du irgendwann automatisch in die höhere Schwingung rein, und die Verbindung herzustellen, wird kein Problem mehr für dich sein.

MAN MUSS GEDANKLICH ZU DEN TIEREN KOMMEN

Da die Tiere immer im hohen Schwingungsbereich sind (600), da nur dort die telepathische Kommunikation funktioniert, können die Tiere nicht einfach zu uns „runterkommen" in unsere beschränkte Schwingung. Wir müssen zu ihnen „hochkommen". Viele denken: „Das Tier kann mich doch einfach ansprechen, wenn es etwas will". Nein, genau das geht gerade nicht, weil wir mit unserem Tagesbewusstsein und unserem Autopiloten-Verstand gar nichts empfangen können, weil der Verstand sowas nicht leisten kann und es blockiert. Tiere spre-chen uns zwar tatsächlich den ganzen Tag an, aber wir empfangen nichts, weil die Funkfrequenz nicht stimmt.

Wenn ich zu viel Stress oder noch Termine habe, oder mir gerade andere wich-tige Sachen durch den Kopf gehen, bin ich auch nicht immer bei der Sache und im richtigen Kontakt mit Onyx. Ich merke es dann immer am Verhalten von ihm. Mir hilft es dann, wenn er vor mir geht und ich ihn anschaue. Entweder genau zwischen den Ohren, oder über den Kopf zum Rücken bis zum Schwanz und wieder zurück. Aber nie anstarren, sondern einen freundlichen Blick ha-ben. Wenn man Tiere anstarrt, schickt man ihnen zu viel Energie mit. Manchen

Tieren ist das unangenehm. Man merkt es daran, wenn sie stehenbleiben und zurück starren. Aber manchmal mache ich dieses Anstarren bewusst. Wenn er zu weit weg ist zum zurückrufen. Dann starre ich ihn einfach solange an, beziehungsweise in seine Richtung, bis er merkt, dass ich etwas von ihm möchte oder bitte ihn gleich, zu mir zurück zu kommen. Es kommt also immer auf die Situation an. Ich kann ihm auch schon vor der Kreuzung gedanklich schicken, ob wir rechts oder links gehen oder sage es einfach.

ACHTSAMKEIT ÜBEN, ETWAS BEWUSST TUN

Was genau bedeutet Achtsamkeit? Man hört es immer aus dem Zusammenhang mit Yoga-Übungen oder Meditation. Achtsamkeit ist, wenn man nur eine einzige Sache macht, und dies mit all seinen Sinnen. Ich trinke achtsam meinen Kaffee. Ich lasse mich dabei von niemandem stören und mich nicht durch mein Handy ablenken. Ich verfolge den Weg des Kaffees von der Tasse bis zu meinem Magen. Ich setze alle Sinne ein. Ich sehe, rieche, schmecke, fühle, und höre sogar den Kaffee. Ich esse mit allen Sinnen und genieße ungestört meine Mahlzeit.

In der Mittagspause in die Natur rausgehen, soweit möglich. Hinsetzen, die Augen schließen und die Umgebung wahrnehmen. Wenn man zuhause ist, barfuß laufen. Die unterschiedlichen Bodenbeläge unter den Füßen spüren, wie zum Beispiel, Fliesen, Teppich, PVC-Belag, kalt, warm, oder flauschig weich. Später mit geschlossenen Augen oder im Dunkeln durch die Wohnung gehen. Irgendwann braucht man nachts kein Licht mehr und man bemerkt Hindernisse früh genug. Mit verbundenen Augen Gewürze erkennen oder Speisen erraten. Während des Autofahrens auf eine bestimmte Kennzeichenkombination achten oder eine bestimmte Wagenfarbe oder Automarke. Und die tägliche Übung, zehn bis fünfzehn Minuten einmal nichts zu tun und seine Gedanken abzuschalten, um seinen Kopf leer zu bekommen.

BERÜHRUNG

Wenn Onyx rechts oder links an mir vorbei geht beim Spazierengehen, berühre ich immer seinen Rücken. So kommt man wunderbar in den Kontakt und kann Energie austauschen. Oder wenn er irgendwo stehenbleibt und schnüffelt, mache ich diese Berührung ebenfalls im Vorbeigehen und gehe weiter. Als Zeichen, dass ich noch da bin und ihn im Blick habe, wenn der Abstand zu groß wird. Meistens läuft er dann wieder genau in dem Moment los, in dem ich mich umdrehe und denke, jetzt könnte er aber langsam mal hinterherkommen. Manchmal bleibt er sogar vor mir oder neben mir stehen und möchte erstmal ausgiebig gestreichelt werden, bevor er weiter geht. Aber dann nicht so, wie manche das immer bei der Begrüßung machen, sondern eher wie eine Massage und ganz sanft. Sonst kommt zu viel Energie an. Wenn man mit Energien arbeitet und dann das Tier stürmisch begrüßt, abklopft, wuschelt und selbst überdreht ist, kommt bei den Tieren zu viel von unserer Energie an. Manche Tiere mögen das nicht und gehen dann weg.

RESPEKT, WERTSCHÄTZUNG, SICH BEIM TIER BEDANKEN

Wenn Onyx vor einer Kurve oder Kreuzung auf mich warten soll oder es sogar von alleine macht, zurück zu mir an die Leine kommen soll oder nicht so weit weg gehen soll, bedanke ich mich immer bei ihm und sage Danke oder Dankeschön und berühre ihn irgendwo am Fell. Man soll es angeblich zwar nicht tun, sich für etwas Selbstverständliches bedanken. Aber warum denn nicht? Ich mache es einfach. Es ist wieder nur ein Glaubenssatz. Wenn mir jemand die Tür aufhält, sage ich auch Danke, obwohl es angeblich selbstverständlich ist. So freuen sich beide Seiten.

ERGEBNISSE AUS EINEM TIERGESPRÄCH UMSETZEN

Jeder in unser Ausbildungsgruppe musste mit jedem Tier des anderen sprechen. Die anderen berichteten mir Dinge über Onyx, die ich nicht selbst rausgefunden hatte und glaubte es ihnen deswegen nicht. Das konnte nicht sein. Stattdessen zweifelte ich wieder an mir, warum er das nicht zu mir gesagt hatte und ich kann es eben doch nicht richtig.

Deswegen ist es am Anfang sogar besser, mit fremden Tieren zu kommunizieren als mit den eigenen. Weil der Verstand sich dann wieder einmischt und weil man sein Tier und die Antworten meint zu kennen und man anfangs den Unterschied aus den Antworten von Verstand und Wissen noch nicht richtig unterscheiden kann.

Eine Teilnehmerin sagte nach einem Gespräch mit ihm, ich solle mir nicht dauernd solche Sorgen machen und Ängste haben, und ihn im Feld endlich von der Leine lassen. Er hätte ihr gesagt, dass er nicht weglaufen würde und bei mir bleibt. Er findet es total doof, die ganze Zeit angeleint neben mir herlaufen zu müssen. Das ist nicht seine Aufgabe. Er will frei sein.

Bitte?! Ich war froh, dass ich es mit Onyx überhaupt endlich bis ins Feld geschafft hatte, ohne, dass er mich wieder nachhause schleifte, weil er meine Schwester nicht mehr sah. Ok, ich habe mich dann getraut. Ich konnte schließlich auch alleine nachhause gehen. Die Leine könnte ich unter meiner Jacke verstecken, falls Rückfragen kommen würden. Ich leinte ihn also ab. Es geschah genau nichts. Er stand neben mir, legte den Kopf schief, sah mich von unten an, mir direkt in die Augen und ich meine ein „Siehste!" gehört zu haben und er schüttelte sich erst einmal ausgiebig. Ab da hatte ich endlich das Vertrauen in mich selbst. Er entfernte sich anfangs höchstens zwei Meter von mir, aber er war frei, wie er sich das von mir gewünscht hatte. Er hätte auch weglaufen oder nachhause laufen können. Er kam aber sogar von sich aus gleich zu mir, wenn uns ein anderer Hund entgegenkam, damit ich ihn gleich anleinen konnte und ich keine Angst bekam, dass etwas passiert. Das war eine so unglaubliche Hilfe für mich, dass er das für mich gemacht hatte und sich selbst anfangs zurücknahm und dicht bei mir blieb. Und je mehr Vertrauen ich bekam, desto weiter ging er dann vor.

Nimm also alles an, was dir dein Tier erzählt. Belächle das Gespräch nicht, tue es nicht als Blödsinn ab. Es kommt alles direkt 1:1 aus der Seele oder dem Herzen deines Tieres. Lese es mehrfach durch und beobachte. Selbst wenn du dabei an deinem Verstand zweifelst und dass das gar nicht sein kann. Denke immer daran, welche Aufgabe der Verstand hat. Er will dich davon wegbringen, weil er es selbst nicht versteht, was du da machst. Wenn es etwas im Sinne des Tieres zu ändern gibt, ändere dies.

Viele Kunden erzählen mir dann, seitdem sie selbst aktiv wurden und nicht alles beim Alten gelassen haben, hätte sich bei ihnen selbst innendrin irgendwie das Gefühl verändert. Man könnte es nicht genau beschreiben. Die Verbindung zu dem eigenen Tier ist besser geworden. Besser, stärker, neu, fester, inniger, vertrauter, anderes Level. Das eigene Tier hat sich durch diese Veränderung verändert und sogar fremde Tiere hätten ihr Verhalten zum eigenen Tier geändert, mit denen sie dann wieder Kontakt hatten. Diese machten plötzlich Sachen, die sie vorher nicht gemacht hatten. Tiere merken das, wenn wir offen für sie und ihre Bedürfnisse sind. Eine andere brachte es auf den Punkt. „Man muss sich mit Leib und Seele darauf einlassen und es wollen!"

Ich hoffe, du hast bis hierher das Buch schon mit viel Freude und viel Spaß gelesen und konntest schon einiges mitnehmen oder hast dich sogar wiedererkannt. Du bist leider jetzt schon beim letzten Kapitel angekommen. Es hat mir bis hierhin schon so viel Spaß bereitet, dass ich wohl noch ein weiteres Buch schreiben werde. Der Stoff dafür, wird mir nicht ausgehen.

Im letzten Kapitel erzähle ich dir von Fällen aus meiner Ausbildung und meiner Praxis. Du wirst sehen, es ist noch kein Meister vom Himmel gefallen und ich musste mir das auch alles erst erarbeiten, ohne dabei ein richtiges Konzept zu haben. Jetzt habe ich mir meins endlich selbst geschrieben, was ich damals dringend gebraucht hätte. Ich kenne alle Höhen und Tiefen, ich habe alle Fehler für dich schon gemacht, damit du sie nicht mehr zu machen brauchst. Es gibt auch keine blöden Fragen mehr, weil ich sie schon alle gestellt habe. Jetzt kommen nur noch die Problemlösungen und Ergebnisse. Viel Spaß dabei.

FÄLLE AUS MEINER AUSBILDUNG UND PRAXIS

Es ist also noch kein Meister vom Himmel gefallen und ich durfte und darf noch viel von den Tieren lernen, was man noch alles besser machen kann.

DREI SÄTZE IN 15 MINUTEN

In einem Spezial-Aufbau-Kurs am Wochenende hatten wir eine kurze Einführung in die Theorie und wurden nach der Mittagspause schon ins kalte Wasser geworfen. Wir mussten alle mit demselben Hund kommunizieren, der im Raum anwesend war. Wir saßen im Kreis, die Fragen waren vorgegeben. Die ersten fingen schon nach einer Minute an zu schreiben. Da ich weder die Grundlagen begriffen hatte noch wusste, ob ich jetzt zwischen beten, reinigen und schützen etwas vergessen hatte – und wenn ja was bloß davon, blieb mein kariertes Blatt zunächst lange Zeit leer. Ich starrte Löcher in die Luft. Mein Verstand schaltete sich wieder ein und fragte mich ernsthaft, warum ich heute am Wochenende so früh aufgestanden bin und 160 km weit hierher gefahren bin. Ich merkte, wie sich Wut in mir breitmachte. Die Hälfte der Zeit war schon um, wurde gerade gesagt. Ich schrieb dann aus Verzweiflung ganz langsam meinen Namen und das Datum auf meinen Zettel und malte ein paar Nikolaushäuser, damit es wenigstens so aussah, als würde ich etwas schreiben und las mir immer wieder die Fragen durch. Scheinbar entspannte mich das Malen und lenkte mich von meiner Wut ab, denn ich hörte plötzlich den Satz in meinem Kopf mit einer mir unbekannten Stimme „Ich mag Fleisch!". Ich hörte meinen Verstand lachen, der dann antwortete „Ja, ich auch!" Ich dachte dann, hmm, ob das vielleicht der Hund gewesen sein könnte? Der lag außerhalb des Kreises auf seinem Lieblingssofa und hatte mich wohl die ganze Zeit angesehen. „Mir geht es gut", sagte er dann, als ich ihm in die Augen sah. Ich schrieb die beiden Sätze schnell auf. Als man uns mitteilte, dass die Zeit vorbei ist, sagte er noch „Ich fahre gern Auto".

Manche hatten dann tatsächlich eine ganze Seite vollgeschrieben, aber ich hatte doch immerhin schon viel gemalt. Jeder musste dann sein Gesprächsprotokoll vorlesen. Von denen, die vor mir dran waren, wusste ich zumindest, dass sie dasselbe rausbekommen hatten, nur viel ausführlicher und ich war nicht mehr so ganz verstimmt und wütend. Aber es kam noch schlimmer am nächsten Tag, nachdem ich mir gerade wieder selbst vertraut hatte.

DER WELPE UND DAS ERDMÄNNCHEN, DER KITZELIGE UND GENERVTE BAUM

Heute hatte ich genug Mut (200) mitgebracht und hatte den Willen und die Absicht, Tierkommunikation zu machen. Dann wurden wir gleich für die erste Aufgabe wieder in neue Zweier-Gruppen eingeteilt. Jeder musste sich wieder mit dem Tier des jeweils anderen unterhalten. Sie hatte nur eine einzige Frage. Sie wollte nur von mir wissen, warum ihr Welpe, der damals knapp sechs Monate alt war, plötzlich von einem Tag auf den anderen nicht mehr in den Garten ging und sich nicht mehr aus seinem Körbchen im Wohnzimmer bewegte und sich dort versteckte. Wenn man ihn aus dem Körbchen holte und in den Garten trug, lief er sofort wieder jaulend zurück und legte sich wieder in sein Körbchen und versteckte sich in seiner Decke. Er traute sich nicht mal mehr, im Garten Pipi zu machen. Das ging schon über eine Woche so. Wenn man jedoch abends die Jalousie im Wohnzimmer runter machte, war er wieder völlig normal. Sobald die Jalousie wieder morgens hochgezogen wurde, fing es wieder an.

Während meine Teamkollegin schon anfing alles Mögliche über Onyx zu schreiben, warf ich beim Verbindung herstellen wieder alles Mögliche durcheinander Ich malte diesmal nichts, aber schaute mir das Foto des Welpen die ganze Zeit über an, bis ich meinen Verstand wieder beiseitegeschoben hatte. Ich spürte plötzlich eine furchtbare Angst und Panik und bekam überall Gänsehaut. Ich merkte aber sehr genau, dass das nicht meine eigene Angst war. Die musste von dem Foto ausgehen, also von dem Welpen selbst kommen. Ich fragte ihn gedanklich, warum er plötzlich nicht mehr in den Garten geht und wovor er denn genau Angst hat. Er antwortete mit seiner ängstlichen und ganz aufgeregten Kinderstimme: „Vor dem Erdmännchen! Es glotzt mich die ganze Zeit an!" Mehr sagte er nicht mehr zu mir, aber ich spürte weiterhin diese furchtbare Angst und Panik, bis die 15 Minuten Zeit, die wir wieder bekommen hatten, abgelaufen waren. Die Kollegin flüsterte gleich „Hast du was raus?" Ich nickte wahrheitsgemäß, aber überlegte schon ernsthaft, heute Mittag nachhause zu fahren, und den Kurs abzubrechen. Das ist hier definitiv der falsche Ort für mich! Wir passen nicht zusammen.

Zwei Teams waren vor uns noch dran und ich ließ ihr dann den Vortritt. Alles, was sie auf der halben Seite Schriftgut über Onyx rausgefunden hatte, war korrekt. Dann musste ich mein Ergebnis vorstellen. Ich las dann erst ihre Frage vor und dann die nur noch zwei Sätze in 15 Minuten von dem Welpen, denn mehr hatte ich nicht auf meinem Zettel stehen. „Wovor hast du so schreckliche Angst? Vor dem Erdmännchen! Es glotzt mich die ganze Zeit an!"

Alle Teilnehmer lachten und fanden das lustig. Ich nicht. Denn ich hatte seine schreckliche Angst und Panik immerhin selbst am eigenen Leib gespürt. Das war keineswegs lustig! Ich wusste, dass es echt war, was ich von dem Welpen empfangen hatte. Ich hatte das aber nicht mehr gesagt, weil alle noch lachten. Die Dozentin erkannte zwar meine Not, aber fragte mich nur, ob ich vielleicht ein Kuscheltier oder Eichhörnchen meinte. Ich sagte „Nein, er hat doch -Erdmännchen- gesagt und hatte dabei schreckliche Angst!". Ich dachte noch, frag ihn doch selbst, wenn du das alles kannst und besser weißt. Ich wurde wieder innerlich wütend, weil mir keiner half. Ich dachte eigentlich, dazu wäre diese Gruppe da. Sie hätte den Welpen doch selbst schnell fragen können, denn dann hätte er ihr bestimmt dasselbe erzählt und sie hätte vielleicht sogar die Lösung sofort gefunden, um dem Tier zu helfen. Hat sie aber nicht gemacht.

Die Besitzerin war mir leider auch keine große Hilfe und versicherte allen, dass es in ihrem

Wohnort keine Erdmännchen gibt und das er auch kein Kuscheltier hat, das wie ein Erdmännchen aussieht und der Zoo in Frankfurt noch einige Kilometer weit weg war und dort auch nie gewesen ist.

Ich ging dann in der Mittagspause erstmal raus, weil ich hier und da das Wort Erdmännchen von den Kollegen hörte und Gelächter. Draußen stand die Frau mit dem Welpen-Problem, die gerade ihren Mann anrief, um ihm zu berichten, dass ihr Welpe vor einem Erdmännchen Angst hatte, und dieses ihn den ganzen Tag über anglotzt. Sie lachte auch wieder. Ich ließ mir nichts anmerken im Vorbeigehen. Ich wusste, dass ich sowas nie wieder machen würde. Das Thema Tierkommunikation hatte sich gerade für mich erledigt! Warum bin ich nicht einfach ein ganz normaler Buchhalter geblieben? Warum habe ich mich nur zu diesem Kurs angemeldet? Die Teilnehmer waren schon selbst Profis, hatten teilweise sogar schon eine Hundeschule, eine war Tierärztin, die andere machte schon hauptberuflich Tierkommunikation und einige waren im Tierschutz aktiv. Und ich blöder Buchhalter und kleines Licht bildete mir ein, dass auch zu können. Mein Verstand hatte recht und die Vorurteilte stimmten doch alle!

Ich saß dann alleine auf der Terrasse in der März Sonne und wollte einfach nur noch meine Ruhe haben, fing an mich zu entspannen und tief und langsam durchzuatmen, da quatschte mich plötzlich der Baum an, der im Garten stand. Ich dachte, das darf doch jetzt alles nicht wahr sein. Das war eben noch die letzte Aufgabe, die wir vor der Mittagspause machen sollten. Ein Gespräch mit dem Baum. Er sagte zu mir: „Mich nerven die Vögel, wenn sie auf meinen Ästen sitzen und ihre Schnäbel wetzen. Das kitzelt. Ich mag es nicht, wenn man mir Äste abschneidet. Ich möchte vorher gefragt werden. Ich mag es nicht, wenn man auf meine Wurzeln tritt. Ich will meinen Freund, den Busch wieder haben." Ich nickte dem Baum zu, bedankte mich ehrlich für das Gespräch und fragte mich, warum er das jetzt erst sagte und nicht eben, als ich ihn unter Zeitdruck und Stress gefragt hatte und seine Antworten für meinen leeren Zettel gebraucht hätte.

Dann fiel mir ein, ich hatte sicherlich wieder irgendetwas in der Reihenfolge vergessen. Ich hatte Zeitdruck und Stress. Ich war nicht entspannt. Ich hatte meine Wut, meinen Verstand und die Gedanken nicht weggeschickt. Ich hatte nur Chaos im Kopf. Ich konnte in diesem Zustand also folglich keine Verbindung aufbauen und herstellen, weil ich nur einen Bewusstseinszustand von 150 hatte. Ich brauchte aber den Bewusstseinszustand von 600, um eine Kommunikation aufbauen zu können. Ich hatte aber noch etwas vergessen. Ich hatte das Gespräch, also die Verbindung, nicht bewusst beendet und die Verbindung zwischen uns nicht getrennt. Deswegen bestand die Verbindung weiterhin zwischen uns und ich konnte seine Worte deshalb diesmal empfangen. Und als ich mich entspannt hatte, tief durchgeatmet hatte, meine Gedanken sortiert und den Verstand weggeschickt hatte, kam sofort die Verbindung zustande. So langsam kam ich also dahinter, auf was es im Kern wirklich ankam. Es war nicht die vorgegebene Reihenfolge, die ich immer wieder durcheinanderbrachte, weil sie für mich keinen Sinn ergab. Es lag einzig und allein nur an der Grenze in meinem Kopf, an meinen Glaubenssätzen und Vorurteilen und an meiner tatsächlichen Absicht, ein Gespräch führen zu wollen. Sobald man die Grenze, die Vorurteile und Glaubenssätze hinter sich lässt, funktioniert es!

Andererseits hatte ich nun wieder ein paar Sätze, mit denen ich mich gleich weiter in der Gruppe blamieren konnte. Geschrieben hatte ich vorhin aber nichts, weil er nicht mir sprach. Ich war wieder hin und hergerissen.

Ich kam dann nach der Mittagspause direkt dran. Bisher hatte noch keiner vor mir die Antworten vorgetragen, die ich noch schnell notiert hatte, bevor es weiter ging. Ich las dann vor: „Mich nerven die Vögel, wenn sie auf meinen Ästen sitzen und ihre Schnäbel wetzen. Das kitzelt. Ich mag es nicht, wenn man mir Äste abschneidet. Ich möchte vorher gefragt werden. Ich mag es nicht, wenn man auf meine Wurzeln tritt. Ich will meinen Freund, den Busch wieder haben." Diesmal lachte tatsächlich keiner, weil man sich sowas wahrscheinlich auch nicht ausdenken konnte in den 15 Minuten. Das waren immerhin schon sechs ganze Sätze. Und die kamen von ganz alleine zu mir, ohne Anstrengung. Und sie waren alle richtig. Es war plötzlich nicht mehr so verkrampft und anstrengend wie vorher.

Zum Vergleich zu heute, schreibe ich mindestens eine Stunde lang und zwischen sechs und zehn DIN A4 Seiten voll. Je nachdem, wieviel die Tiere mir erzählen oder wie schnell oder langsam sie sprechen und was sie noch alles zu sagen haben.

Zu meinem Erstaunen war das alles völlig korrekt, was ich vorgetragen hatte. Ich konnte es selbst kaum glauben. Die Dozentin erzählte, dass der Baum sie manchmal tatsächlich rufen würde, ob sie nicht mal mit einem Besen die Vögel verscheuchen könnte. Er wäre genervt von dem Krach, den sie machen und würden ihn immer kitzeln, wenn sie ihre Schnäbel an ihm wetzen oder auf seinen Ästen rumhüpfen würden. Er mag es tatsächlich nicht, wenn ihm Äste abgeschnitten werden. Sie verhandelt jeden Herbst mit ihm, welche Äste abgeschnitten werden dürfen und welche nicht, da sie sonst zu dicht ans Haus kommen. Manchmal wartet sie auch bis zum Winter. Im Winter schlafen alle Bäume. Da spüren sie nichts mehr. Dann schneidet sie ihm die anderen Äste auch noch ab. Aber wenn er im Frühling wieder aufwacht, dann beschwert er sich natürlich erst mal bei ihr. Mit den Wurzeln stimmte auch. Sie macht dann immer einen großen Bogen um seine Wurzeln und stellt den Rasenmäher an den Stellen immer höher ein, damit sie ja keine Wurzeln von ihm verletzt. Ja, um seinen Freund den Busch trauert er schon länger. Den hatte sie letzten Herbst wegmachen lassen, weil er den Eingang zum Haus zuwucherte. Das war auch korrekt. Ich war trotzdem wieder sehr irritiert. Wie konnte das jetzt alles stimmen, wenn das andere vorhin völliger Schwachsinn war?

An Tag zwei überlegte ich trotzdem morgens erst kurz, ob ich nicht lieber in die Stadt gehen sollte, als den Kurs zu besuchen. Ich entschied mich aber für den Kurs. Meine Neugier war nun irgendwie doch endlich geweckt, mein Mut war wieder da und war gespannt, was mich heute wieder alles erwarten würde.

Die Frau mit dem Welpen-Erdmännchen-Problem wartete schon vor dem Haus auf mich. Sie war ganz aufgeregt. Ich dachte schon, na was kommt denn jetzt wieder. „Sabine, ich muss dir was erzählen" fing sie an, „Du hattest Recht!" Ich fragte noch mal genau nach, was sie meint, damit es keine weiteren Missverständnisse geben würde. Sie erzählte weiter. „Mein Mann hatte sich gestern nach dem Telefongespräch Gedanken gemacht, was seit einer Woche anders ist bei uns im Garten, und warum der Kleine plötzlich so Angst hatte. Er kam tatsächlich drauf. Er rief mich abends gleich noch zurück. Er hatte für den Garten eine Wetterstation bestellt und aufgestellt. Daran sind ein etwas größeres Thermometer und ein Regenauffangbehälter montiert. Und tatsächlich thront oben drauf aus Plastik und in den entsprechenden Farben angemalt, ein stehendes Erdmännchen! Weil es auch noch ein „Vogelschreck" ist, hat das Erdmännchen anstatt der Augen zwei riesige, glitzernde, sich im Wind bewegende weiße Reflektoren. Er kam drauf, als er den Garten absuchte und immer wieder zum Welpen im Körbchen schaute. Irgendwann war die Wetterstation in seinem Blickfeld und er konnte durch sie hindurch direkt zum Körbchen schauen, in dem sich der Welpe wieder versteckt hatte! Er ging dann zum Hundekörbchen, legte sich daneben und sah direkt aus der Blickrichtung des Welpen zu dem Erdmännchen mit den glitzernden Augen, das ihn direkt anglotzte! Er hat das Erdmännchen von der Wetterstation abgeschnitten und sie komplett an einen anderen Platz gestellt. Er fand den Platz nur deshalb so gut, da er genau vom Wohnzimmerfenster aus dorthin schauen konnte. Er hat dann dem Kleinen gezeigt, dass das Erdmännchen nun in der Mülltonne ist und schon traute er sich wieder in Garten, als wäre nie etwas gewesen!"

Das hatte mich dann tatsächlich komplett umgehauen! Sie bedankte sich dann noch mehrmals dafür. Aber die Botschaft kam von ihrem Tier, nicht von mir. Ich war nur der Botschafter und Übermittler.

In diesen zwei Tagen habe ich die wichtigsten Lektionen überhaupt gelernt für meinen weiteren Weg in der Tierkommunikation: Schreibe alles auf, was das Tier zu dir gesagt hat. Was noch wichtiger ist, habe den Mut, alles aufzuschreiben und zu sagen, da es für die Besitzer eine wichtige Information sein kann. Auch wenn du selbst denkst, dass es Blödsinn ist. Glaube an dich. Lasse es zu und glaube daran, dass telepathische Kommunikation mit allen Wesen dieses Planeten möglich ist. Was andere über dich denken, **muss** dir egal sein! Tiere sagen immer die Wahrheit. Sie lügen nicht und wollen dich nicht ärgern und auch nicht in die Pfanne hauen!

Wenn ich an dem zweiten Tag nicht mehr zu dem Kurs gegangen wäre, hätte ich das alles nie erfahren und hätte wahrscheinlich tatsächlich mit der

Tierkommunikation wieder aufgehört und auch kein Buch geschrieben. Erst der kleine Welpe hat mir den nötigen Mut und das Vertrauen in mich selbst gegeben, dass ich weitermache. Wir waren alle zur richtigen Zeit am richtigen Ort. Ich weiß leider deinen Namen nicht mehr. Aber falls du dieses Buch liest und dich an den Lehrgang im März 2019 und das Erdmännchen erinnern kannst, melde dich bitte bei mir.

Was ich mir allerdings nicht erklären kann: Woher weiß ein paar Monate alter Welpe, der nie im Zoo war, was ein Erdmännchen ist? Es gibt also mehr zwischen Himmel und Erde, was wir nie erfahren und verstehen werden!

WÜNSCHE VON ONYX

In meinem Jahreskurs hatten wir die Aufgabe, rauszubekommen, was sich unser Tier gern einmal Außergewöhnliches zum Fressen von uns wünschen würde. Ich wusste mittlerweile, dass er Lachs im Futter lieber mag als Fleisch im Futter, aber, ich sollte schließlich herausfinden, ob er sich noch etwas anderes wünschen würde.

Ja, er hätte gern einen ganz bestimmten Kauknochen. Er schickte mir gedanklich sogar ein Bild von dem verpackten Kauknochen, so dass ich sogar den Firmennamen lesen konnte. Keine Ahnung, woher er das wusste. Ich hatte dann einen Tag später den Knochen gekauft und zeigte ihn meiner Schwester. Die sah sich den Knochen an und lachte. Genau von dieser Sorte hätte er schon mehrere im Zwinger draußen vergraben, weil er sie nicht mochte.

Hmmm, ich dachte wieder an meinen Merksatz. Egal wie befremdlich es sich für mich anhört, sie sagen die Wahrheit. Ich packte den Knochen aus, Onyx kam schon zur Tür rein, nahm den Knochen schwanzwedelnd mit und lief raus in den Garten, legte sich aber diesmal unter den Apfelbaum und genoss dort seinen Knochen. Meine Schwester konnte es gar nicht glauben und sah ihm hinterher. Da ich ihn nicht weiter dabei stören wollte, fragte ich ihn erst nachts, wieso er diesen Knochen genommen hatte und diesmal eben nicht gleich im Zwinger vergraben hatte. Er antwortete, dass er im Zwinger immer aufpassen musste und nie seine Ruhe hatte. Deswegen hat er die Knochen dann wieder vergraben und dann vergessen, sie wieder auszugraben. Hier unter dem Apfelbaum hätte er seine Ruhe gehabt. Dann weiß ich das jetzt auch und habe wieder etwas gelernt.

Weiterhin wünschte er sich ein rotes Halsband und eine rote Leine, weil das so gut zu seinem Fell passen würde, wie er mir sagte. Das habe ich ihm dann auch mitgebracht. Geschmack hat er auf jeden Fall.

Onyx mit rotem Halsband

Interessanterweise erkennen manche Hundehalter hier aus dem Ort den Onyx dann manchmal nicht, wenn er nicht wie sonst sein Kettenhalsband trägt und ich stattdessen mit ihm unterwegs bin, obwohl mich die Leute auch kennen. Sie sagen dann, er würde sich bei mir ganz anders verhalten als bei meiner Schwester und hätten ihn deshalb nicht erkannt. Ich gehe davon aus, dass dies auch wieder etwas mit Kontakt und der Energie zu tun hat.

SPAZIERENGEHEN UND DEIN TIER DEN WEG BESTIMMEN LASSEN

Eine tolle Übung in der Ausbildung für das Mensch-Hunde-Team war es, den Hund selbständig entscheiden zu lassen, wohin der Spaziergang gehen soll. Da es Anfang des Jahres immer noch früh dunkel wurde, konnte ich das nur direkt im Dorf üben. Das war auch gut so, dann sah mich auch keiner. Ich fragte Onyx dann an jeder Kreuzung, ob er nach rechts oder links gehen möchte. Er schaute dann erst vorher in beide Richtungen und entschied sich dann für eine Richtung. An einer Kreuzung, an der sich vier Straßen treffen, fragte ich ihn wieder, ob er nach rechts ODER links gehen wolle. Er schaute erst wieder in beide Richtungen und entschied sich dann dazu, GERADEAUS zu gehen.

Ich hatte meine Frage also falsch gestellt. Ich hatte ihm die Möglichkeit mit geradeaus vorenthalten, obwohl sie offensichtlich da war. Das fand ich sehr faszinierend. Jetzt mache ich es immer korrekt und denke an alle Möglichkeiten oder sage einfach zu ihm „Such dir bitte etwas aus.". Das interessante dabei war, dass wir fast zwei Stunden im Dorf unterwegs waren und keine einzige Straße zweimal langgelaufen sind. Irgendwann standen wir wieder vor der Haustüre. Bei den heutigen Spaziergängen im Feld, mache ich das auch noch so. Wenn ich nicht viel Zeit habe, entscheide ich, weil ich weiß, welche Runde ich in welcher Zeit schaffe. Wenn ich viel Zeit habe, darf er den Weg aussuchen. Oder - wir wechseln uns mittendrin ab. Das geht natürlich auch. Wenn er aber merkt, dass ich manchmal Zeitdruck habe, geht er sogar selbständig Abkürzungen, dass wir sogar noch früher als geplant wieder zuhause sind, was er sonst nicht macht. Es ist also ein gegenseitiges Geben und Nehmen. Das fasziniert mich an den Tieren. Sie fangen an selbständig mitzudenken, wenn man ihnen den Raum, die Freiheit und das Vertrauen schenkt.

Hierbei geht es auch wieder um das Vertrauen und um die Verbindung, den Kontakt. Ich vertraue mich dem Tier an, dass es mich gut führt und sich das Tier ebenso auf mich verlassen kann, dass ich auch wieder nachhause finde, Futter finde und es gut und sicher führe.

Mittlerweile ist es schon so, dass ich sogar mit ihm mit gehe, wenn wir an einer Kreuzung die Straße überqueren müssen und er vom Bürgersteig direkt auf die Straße geht. Er hat einen Moment selbst vorher schon nach links und rechts geschaut, ob ein Auto kommt. Ich kann mich tatsächlich blind auf ihn verlassen. Ich dachte anfangs, es sei Zufall. Aber als ich ihn dabei beobachtete, merkte ich, dass er vorher schon die Straße abscannte, nach links und rechts schaute und auch seine Ohren bewegt hat, ob sich eventuell ein Radfahrer oder Auto nähern. Wenn er dann etwas hört, bleibt er stehen.

WENN TIERE IHRE MENSCHEN SPIEGELN

Am Verhalten von Onyx erkenne ich immer, wie es mir gerade selbst innerlich geht. Er verhält sich immer so, wie ich mich gerade in meinem Innersten fühle, da wir ja im ständigen Funkkontakt sind. Wenn ich ruhig und ausgeglichen bin, ist er es auch. Wenn uns dann der zweite Hund schon angebellt hat und wir ganz ruhig geblieben sind, und dann schon der dritte Hund in Sichtweite ist und ich dann schon leicht genervt denke „Oh Mann, nicht schon wieder", kann ich davon ausgehen, dass Onyx das auch sofort merkt und er diesmal zurück bellen wird. Das ist dann der Hinweis für mich, dass ich nicht mehr ausgeglichen bin und muss dann in meine Ruhe zurückfinden, damit Onyx das auch wieder kann. Denn ich habe die Unruhe reingebracht, nicht er.

Oft berichten mir Hundebesitzer dann genau das, dass ihre Tiere sehr unruhig sind, immer an der Leine ziehen und alles anbellen, was ihnen entgegenkommt.

Was ich dann bemerke, ist, dass die Menschen selbst nicht ruhig sind, hektisch sind und schon mit Stress zuhause losgehen, weil sie schon vorher wissen, was sie wieder mit ihrem Hund erwartet. Das Tier bemerkt dies natürlich. Es merkt den Stress des Menschen und wird dauernd in den Alarmzustand versetzt. Irgendwo muss doch das Ding jetzt endlich kommen, weswegen mein Mensch sich dauernd so aufregt und Stress hat. Es kommt aber kein Ding. Deswegen sucht sich das Tier selbst sein Ding und wird alles anbellen. Irgendwas davon wird schon richtig sein. Und weil der Hund unruhig und angespannt ist, wird der Mensch dadurch leider immer nervöser. Und dadurch wird der Hund immer nervöser. Aber da beide nervös und im Stress sind, kann keiner von ihnen kommunizieren.

> *Der Mensch muss sich zuerst beruhigen, damit sich das Tier wieder beruhigen kann. Wenn der Mensch denkt: „Da kommt gleich wieder ein Hund. Den wird er gleich wieder anbellen". Dann versteht der Hund in seiner Aufregung natürlich, dass er den fremden Hund anbellen soll. Er macht also „eigentlich" alles richtig, und wird dafür dann wieder geschimpft.*

Reiter kennen dieses Phänomen sicherlich auch. Wenn ein Reiter schon schlecht gelaunt in den Stall kommt, dann kann er nicht erwarten, dass ihn sein Pferd freudig begrüßt. Das Pferd hat bereits vor der Stalltüre schon wahrgenommen, wie er die Autotür zuschlägt, und dass sein Mensch heute nicht gut drauf ist. Reiter sagen dann später solche Sätze wie: „Ich habe mich heute total auf der Arbeit geärgert und dann war mein blödes Pferd auch heute noch bockig und hat alles falsch gemacht!" Nun ja, das Pferd hat sich zumindest noch am Anfang auf die Zeit mit seinem Reiter gefreut, als es dessen Auto gehört hat.

Ein Pferd erzählte mir in einem Gespräch, wenn sein Mensch schlecht gelaunt war, dass er immer genau diese Übungen mit ihm machen würde, die es hasst und deswegen immer falsch macht, damit das endlich aufhört. Und genau dies würde der Reiter dann jedes Mal tun, um seinen Frust an ihm loszuwerden, weil er weiß, dass genau bei dieser Übung sein Pferd dann bockig ist. Das Pferd berichtete weiterhin, dass es an solchen Tagen zudem viel grober geputzt werden würde und es ihm dann an empfindlichen Stellen wehtun würde und der Sattel würde dann einfach auf seinen empfindlichen Rücken „geknallt" werden. Aber da es immer an zwei Seiten festgebunden wird, kann es das nicht zeigen und muss sich dann noch den genervten Satz des Menschen anhören: „Stell dich nicht so an, spinnst du heute?!" Und so vergehen dann ein paar Stunden, die sich beide hätten sparen können. Es erzeugt nur Frust, auf beiden Seiten.

Viele Menschen verstehen nicht, dass ihr eigenes Verhalten auf das Tier überspringt. Aber anstatt die Fehler bei sich selbst zu suchen, ist leider immer das Tier schuld. Aber sie wissen es nicht besser, da sie die ganze Zeit im Autopilot-Modus sind und benutzen nur ihren unbewussten Verstand und das normale Tages-Bewusstsein. Besser wäre es, sie würden bewusst denken. Dann würden sie vielleicht bemerken, warum Dinge so sind wie sie sind. Aber um in das bewusste Denken zu kommen, steht als erstes wieder der Mut (200). Und wenn man sich auf der Arbeit geärgert hat, will man seine Ruhe haben und nicht bewusst denken. Aber gerade, wenn man es dann nur ein einziges Mal versuchen würde, würde man feststellen, dass es funktioniert. Denn, wer mutig ist, kann nicht gleichzeitig Angst und Ärger haben. Dies schließt sich gegenseitig aus.

Vielen Tieren schlagen der ständige Stress und Ärger oft auf den Magen. Es ergeben sich Unregelmäßigkeiten, aber der Tierarzt wird oft keine konkrete Ursache feststellen. Es ist die Seele der Tiere, die sich meldet. Sie ist voll, sie ist überlastet und sie kann nicht mehr richtig arbeiten. Genauso ist es mit dem Magen. Wir Menschen bekämpfen dann gern und schnell die Symptome, aber nicht die Ursache. Dies wäre aber viel leichter für beide Seiten. Von anderen aus meiner Ausbildungsgruppe weiß ich, dass Pferde anfangen zu koppen oder steif und apathisch irgendwo in der Ecke stehen und im wahrsten Sinne des Wortes den Kopf hängen lassen. Anstatt nun nach der Ursache zu suchen, werden sie sogar noch in Einzelhaft weggesperrt, damit sie gar keinen Kontakt mehr zu ihrer Gruppe und der Außenwelt haben. Genau dies brauchen sie dann aber umso dringender.

FAMILIEN, IN DENEN ES STREIT, ÄRGER, STRESS UND HEKTIK GIBT

Auch dies merken insbesondere Hunde und Katzen. Sie sind fast 24 Stunden am Tag mit uns zusammen. Sie ertragen das nicht und möchten dann wieder die Harmonie in der Familie herstellen. Aber sie können es nicht jeden Tag aufs Neue leisten und fangen dann irgendwann an, darunter zu leiden. Viele Hunde, aber auch Katzen, geben sich dann sogar die Schuld daran und denken, es würde an ihnen selbst liegen.

Das kann dann so schlimm werden, dass der Hund aggressiv gegen sich selbst wird oder gegen andere. Er versucht, den seelischen Druck nach innen zu leiten. Manche Hunde beißen und kratzen sich selbst bis es blutet und kein Tierarzt findet irgendetwas, was mit der Haut und dem Fell nicht stimmt. Andere Hunde werden plötzlich aggressiv gegen andere Menschen oder andere Hunde. Manche wiederum ziehen sich sogar komplett zurück und wirken teilweise apathisch. Manche fangen mit Dauerbellen an, ohne einen ersichtlichen Grund dafür zu haben. Sie müssen ihren ganzen Frust und ihren Schmerz förmlich rausschreien. Aber da es in der Familie nicht aufhört, können sie nicht aufhören mit ihrem Verhalten. Manche Hunde laufen einfach weg, sobald sie von der Leine gelassen werden oder reißen sich sogar los, und kommen einige Zeit erstmal nicht wieder. Und das, obwohl sie wissen, dass sie dafür danach wieder bestraft werden. Noch nicht mal dann freut sich der Mensch, wenn sie wieder zurückkommen.

Katzen können sogar ihre Stubenreinheit verlieren oder benutzen aus Protest ihre Katzentoilette nicht mehr. Sie zerkratzen Möbel und andere Einrichtungsgegenstände. Sie machen absichtlich Gegenstände kaputt, werfen möglicherweise eine Vase von der Fensterbank oder Tassen vom Tisch. Nur, damit wir merken, dass hier irgendwas nicht stimmt. Aber da wir es nicht erkennen, schimpfen oder bestrafen wir unser Tier noch mehr, anstatt nach der Ursache zu forschen. Die Tiere nehmen aber dieses Leid auf sich, um uns darauf aufmerksam zu machen, dass etwas nicht stimmt.

Darauf reagieren manche Tiere sehr empfindlich. Sie spüren die Aufregung vorher schon, aber wissen nicht genau, was da alles auf sie zukommt. Meistens liegt es nur daran, dass ihre Tagesordnung von jetzt auf gleich über den Haufen geworfen wird, weil der Säugling nun wichtiger ist. Das verstehen sie. Das ist nicht das Problem. Das Problem ist, dass sie keine neue Tagesordnung bekommen, weil sie nicht mehr im Mittelpunkt stehen. Manchmal wünschen sich die Tiere einfach nur mehr Informationen durch ihre Besitzer. Wenn ein Hund es gewohnt war, dreimal die Woche auf dem Hundeplatz zu sein, wird dieser sich sehr wundern, warum dies jetzt nicht mehr so ist. Ihm wird einfach langweilig, weil er seine geliebten Aufgaben nicht mehr erledigen kann, die er so gern für seinen Menschen erledigt hat. Manche Hunde wünschen sich dann einfach den Zustand von vorher wieder zurück. Wissen aber selbst, dass das nicht so einfach geht. Gefährlich wird es dann, wenn es ein eher unsicherer Hund ist. Dieser könnte dann eifersüchtig werden und den Säugling als Konkurrenten sehen, wenn die Grenzen nicht eindeutig sind.

Von einem Hund weiß ich, dass er genervt war von dem „Geplärre" des Säuglings. Selbst, wenn sie spazieren gingen und er neben dem Kinderwagen hertrottete. Es ging ihm einfach auf den Hundekeks. Noch nicht mal draußen hatte er seine Ruhe. Drinnen konnte er sich auch nicht angemessen zurückziehen, weil die Wohnung sehr klein war. Er hatte keinen Rückzugsort mehr für sich und keine Ruhe mehr. Und manchmal, wenn er dann richtig genervt war, zog er fürchterlich an der Leine oder bellte grundlos andere Hunde an, mit denen er sonst gern spielte. Später fing er an, die Kommandos seiner Besitzer zu ignorieren und tat so, als würde ihn das alles nichts mehr angehen und vergaß alles, was er gelernt hatte. Das machte alles natürlich noch schlimmer. Aber dadurch bekam der Hund wieder Aufmerksamkeit. Auch, wenn es negative Aufmerksamkeit war. Das war ihm egal.

Auch hier ist es dann wieder sehr wichtig, dass man einen guten Kontakt und eine gute Verbindung zu dem jeweiligen Tier hat und es trotzdem noch einen halbwegs geregelten Tagesablauf bekommt und ebenfalls noch seine exklusive Zeit mit seinem Menschen alleine verbringen kann. Dies hat auch wieder etwas mit Wertschätzung zu tun. So kann ich dem Tier vermitteln, dass es trotzdem noch gebraucht wird und wichtig ist.

Tipsi war und ist bis heute das einzige Tier in meiner Ausbildung und Praxis gewesen, dass die Termine für ihre tierischen Gespräche selbst bestimmt hat. Ich
stellte mich, wie immer, erst höflich bei dem jeweiligen Tier vor, um zu fragen,
ob es mit mir aus seinem freien Willen heraus kommunizieren möchte. Während
ich mit Onyx nie Probleme hatte, war das bei Tipsi anders. Ich bekam anfangs
nie eine Antwort. Während Uli sich dann schon auf meine Antworten freute,
musste ich ihr immer mitteilen, dass ich leider keine Verbindung bekommen
habe, es aber mit anderen Tieren funktionierte.

Die Katze war im Allgemeinen mir gegenüber immer sehr misstrauisch und ließ
sich auch nicht gern von mir streicheln oder anfassen und fauchte lieber und
schlug nach mir. Wir rätselten dann, woran es liegen könnte. Ich hatte zuvor 18
Jahre selbst einen Kater gehabt. Ich konnte also zumindest mit Katzen umgehen. Wir saßen dann bei ihr auf dem Sofa und überlegten, woran es noch liegen
könnte. Irgendwann sprang Tipsi dann auch aufs Sofa und legte sich bei Uli auf
den Schoß. Das machte sie zumindest immer, wenn wir über sie sprachen, weil
sie das immer merkte, wenn es um sie ging. Uli kam auf die Idee, ihre Katze direkt zu fragen, warum sie nicht mit mir kommunizieren wollte. Sie maunzte aber
nur und schaute uns gar nicht an. Sie sagte ihr, dass es nichts Schlimmes ist und
sie mir ruhig alles sagen könnte, was sie sagen möchte. Denn dann könnte sie
auch endlich verstehen, was sie immer vor sich hin maunzt und meckert. Die
Katze stand dann genervt wieder auf, so hatten wir zumindest beide den Eindruck, ging aus dem Zimmer und ließ uns immer noch ratlos zurück.

Nach vielleicht einer halben Stunde kam sie jedoch wieder zurück und sprang
wieder auf das Sofa. Wahrscheinlich brauchte sie erst noch ihre eigene Bedenk-
zeit, scherzten wir noch. Uli fragte sie dann noch einmal, ob sie mit mir kommunizieren möchte und ob es in Ordnung sei, wenn ich es heute Nacht noch einmal
probieren würde. Erstaunlicherweise sah sie dann erst Uli an und maunzte und
sah mich dann an und maunzte noch einmal. Wir werteten das einfach mal als
ihre Zustimmung. Und tatsächlich, in dieser Nacht funktionierte es auf einmal.
Klar, die ersten Gespräche waren noch holprig, nur einzelne Sätze, weil ich noch
am Üben war, aber später stellten wir einen Rekord auf mit knapp zwei Stunden.

Und so haben wir das dann beibehalten. Uli fragte dann immer Tipsi, ob sie wieder mit mir kommunizieren wollte. Wenn Tipsi dann dringend etwas loswerden wollte, kam es auch vor, dass sie wieder zu uns aufs Sofa sprang und uns abwechselnd anschaute und maunzte. Das war wirklich sehr faszinierend, weil ich das noch nie erlebt hatte. Und unser Verhältnis besserte sich dadurch auch. Sie fauchte mich nicht mehr an und schlug auch nicht mehr nach mir und ich durfte ihr dann auch Katzenleckerlies aus der Tüte geben, obwohl sie die bis dahin immer abgelehnt hatte, wenn ich sie ihr hingehalten hatte. Und sie hat alle meine Fragen beantwortet, was ich noch besser machen könnte und woran ich noch arbeiten könnte. Und immer genau so ausführlich, wie ich es brauchte. Onyx war im Gegensatz dazu oft kurz angebunden und nicht so auskunftsfreudig.

Also auch hier durfte ich wieder lernen, nicht an mir selbst zu zweifeln und den freien Willen eines Tieres zu respektieren, welcher immer Vorrang hat und über das Zustandekommen ob Ja oder Nein einer Tierkommunikation entscheidet.

Schlusswort

Zusammenfassend möchte ich hier noch einmal hervorheben, dass jedes Tier auf seine Art und Weise ein Unikat und sehr wertvolles Geschenk für uns ist, unser Leben in vielerlei Hinsicht bereichert und von dem wir sehr viel lernen können und dürfen. In allen Belangen und Lebensbereichen, die wir uns vorstellen können. Sie wissen einfach alles und haben auf all unsere Fragen die passenden Antworten. Auch, wenn sie uns nicht gefallen, aber sie sind uns gegenüber ehrlich und tun nichts in böser Absicht. Man sollte sich als Tierbesitzer unbedingt auf dieses Abenteuer einlassen.

Ja, es bedarf anfangs Mut, um den Weg zu gehen. Ja, man wird anfangs belächelt und eventuell auch ausgelacht. Ja, man darf auch Fehler machen. Aber diese sind da, um daraus zu lernen und um immer besser und sicherer zu werden. Wenn man dann am Ziel angekommen ist, entlohnt dies für alle Mühen, die man bis dahin auf sich genommen hat. Es ist ein unbeschreibliches Gefühl, zum ersten Mal die Stimme seines oder eines Tieres zu hören. Die Grenze ist nur in deinem Kopf!

Und wie schon Albert Einstein wusste: „Wichtig ist, dass man nicht aufhört zu fragen." Also wenn Du noch Fragen hast, zögere nicht, sondern lass es mich wissen!

Du möchtest Kontakt zu deinem Tier aufnehmen
oder die Tierkommunikation selbst erlernen?
Du kannst mich gern über meine Website
www.tierfluestern.net
kontaktieren.

Ich biete dir die Tierkommunikation an, wenn du
spezielle Fragen an dein eigenes Tier hast und von
ihm die Antworten dazu haben möchtest. Gerade,
wenn dein Tier krank ist, ängstlich oder Verhalten
zeigt, dass du nicht deuten kannst, kann bereits
mit einer Sitzung so viel bewegt werden.

Ich biete dir aber auch verschiedene Kurspro-
gramme an, mit denen du spielerisch einfach die
telepathische Tierkommunikation selbst erlernen
kannst. Dadurch bist du in jeder Situation in der
Lage, genau zu wissen, was in deinem Tier vorgeht
und wie du ihm am besten zur Seite stehen kannst.

Ich freue mich auf dich und dein Tier!
Deine Sabine und Onyx

www.linkedin.com/in/
kaiser-sabine-268430289/

www.facebook.com/sabine.kaiser.56211

www.instagram.com/sabine_tierfluestern/

Weitere Informationen:
www.tierfluestern.net
www.sabine-tierfluesterin.de/termin

Über die Autorin

Ich bin Sabine Kaiser und wurde im März 1974 geboren. Ich bin Expertin für Tierkommunikation der neuen Zeit. Das bedeutet, ich brauche weder Esoterik noch Hokuspokus bei meiner Methode.

Ich war Tieren zwar schon immer sehr verbunden, aber hatte anfangs selbst der telepathischen Tierkommunikation gegenüber alle Vorurteile, die man haben konnte. Diese habe ich im Buch erläutert und Dank der Tiere entkräftet. Nach drei kuriosen Zufällen innerhalb von zwei Wochen habe ich Anfang 2019 beschlossen, die telepathische Tierkommunikation von Grund auf zu erlernen. Der mich stets belehrende Schäferhund meiner Schwester und die nette, freundliche, ältere Katzendame meiner besten Freundin haben mich während meiner Ausbildung und darüber hinaus begleitet und mir immer die richtigen Worte zur richtigen Zeit gesagt, wenn bei mir Zweifel aufkamen oder ich aufgeben wollte. Von beiden habe ich sehr viel über das Verhältnis zwischen Mensch und Tier gelernt, welches ich nun gern weitergeben möchte. Ohne die beiden hätte ich dieses Buch nie geschrieben.

Die Tiere können schon alles. Wir sind es, die lernen müssen.

Ich bin Diplom Betriebswirtin (FH) und habe seit 2005 mein eigenes Buchhaltungsbüro. Ich stehe also mit beiden Beinen im Leben und kenne die Herausforderung, wenn man nun ganz anders denken und handeln soll, um mit Tieren in wahrhaftigen Kontakt – von Seele zu Seele – zu kommen. Aber es lohnt sich in jedem Fall, diesen Weg zu gehen und es auszuprobieren. Ich möchte niemanden belehren und bekehren, aber es ist mein Herzenswunsch, Tierbesitzer auf meine Reise mitzunehmen und ihnen zu zeigen, dass es noch eine andere Möglichkeiten gibt, Tiere zu verstehen – ganz ohne Worte.

Haftungsausschluss:

Ich kann keinerlei Haftung für Sach- und Personenschäden übernehmen. Bei der Auf-
zählung und Erarbeitung meiner Tipps stand mir der mittlerweile elfjährige Schäferhund
Onyx, mit Erlaubnis meiner Schwester als Eigentümerin, mit Rat und Tat zur Seite und
aus seinem freien Willen heraus dafür gern zur Verfügung. Er wurde von meiner Schwester selbst zum Begleithund ausgebildet und hat viele Preise gewonnen. Ich kenne ihn seit
seiner Geburt und er lebt mit mir, meiner Schwester und meiner derzeit sechsjährigen
Nichte im selben Haus. Bitte achte stets auf dein eigenes Urteilsvermögen und ob meine gemachten Aussagen und Tipps zu dir und deinem Tier passen.